A reportagem
Teoria e técnica de
entrevista e pesquisa jornalística

Outras obras do autor

Ideologia e técnica da notícia. Petrópolis: Vozes, 1979, 1981.
Os enigmas de nossa história (org. e textos). Rio de Janeiro: Oto Pierre Editores, 12 volumes, 1980-1981.
Linguagem jornalística. São Paulo: Ática, 8ª ed., 1985.
Estrutura da notícia. São Paulo: Ática, 7ª ed., 1986.
Estructura de la noticia, trad. de Ana Maria Bochetto. La Habana: Editorial Pablo de la Toriente, 1987.
Ideologia e técnica da notícia (3ª edição revista pelo autor). Florianópolis: Insular/Edufsc, 2001.

Nilson Lage

A reportagem
Teoria e técnica de entrevista e pesquisa jornalística

14ª edição

EDITORA RECORD
RIO DE JANEIRO • SÃO PAULO
2024

CIP-Brasil. Catalogação-na-fonte
Sindicato Nacional dos Editores de Livros, RJ.

L171r
14ª ed.
Lage, Nilson, 1936-
   A reportagem: teoria e técnica de entrevista e pesquisa jornalística / Nilson Lage. – 14ª ed. – Rio de Janeiro: Record, 2024.

   Apêndice
   Inclui bibliografia
   ISBN 978-85-01-06090-7

   1. Redação de textos jornalísticos. 2. Repórteres e reportagens. I. Título.

01-0890
                                CDD – 808.06607
                                CDU – 806.90:07

Copyright © 2001 by Nilson Lage

Direitos exclusivos de publicação em língua portuguesa para o Brasil adquiridos pela
EDITORA RECORD LTDA.
Rua Argentina, 171 – Rio de Janeiro, RJ – 20921-380 – Tel.: (21) 2585-2000

Impresso no Brasil

ISBN 978-85-01-06090-7

Seja um leitor preferencial Record.
Cadastre-se em www.record.com.br e receba informações sobre nossos lançamentos e nossas promoções.

EDITORA AFILIADA

Atendimento e venda direta ao leitor:
sac@record.com.br

Nota do autor

Este livro resulta de cursos que ministrei em disciplinas de técnicas de jornalismo na Universidade Federal de Santa Catarina, entre 1992 e 1999. Foi produzido com tempo disponibilizado para pesquisa acadêmica (dez horas semanais) no segundo semestre de 1999 e primeiro de 2000.

Destina-se aos cursos de graduação em Jornalismo mas pode ser lido (gostaria que fosse) também por colegas em atividade: eles reconhecerão, aqui e ali, sua própria experiência e talvez se surpreendam ao saber que muita teoria recente tem-se preocupado com o assunto.

No momento em que a reportagem se transforma — ou se amplia —, com a entrada em cena dos computadores, da Internet e dos bancos de dados, creio que é conveniente uma reflexão sobre nossa atividade. Ela não se faz aqui (até porque os fatos tecnológicos avançam depressa demais para o tempo de produção e a durabilidade previsível de um livro), mas espero dar elementos para que se efetive.

Cumpre-me agradecer aos jornalistas Hélio Schuch, Francisco Karam, Marcelo Soares e Lara Lima, que me forneceram material de suas pesquisas e indicações bibliográficas; Eduardo Meditsch e Luiz Alberto Scotto de Almeida, que leram os originais, fizeram correções e sugeriram mudanças. Também ao distante companheiro Fran Casal, da Espanha, em cujo sítio na Internet encontrei documentos de grande utilidade.

Sumário

Ser repórter   9

Pautas & pautas   29

Fontes & fontes   49

Entrevistador & entrevistado   73

Repórteres & ética   89

Reportagem especializada   109

Repórteres & pesquisa   133

Reportagem assistida por computador   153

Apêndice — A formação universitária dos jornalistas   169

Bibliografia   185

SER REPÓRTER

Se perguntarmos às pessoas em geral que figura humana é a mais característica do jornalismo, a maioria responderá, sem dúvida: o repórter. Se interrogarmos um jornalista sobre quem é mais importante na redação, ele — excetuado o caso de algum projetista gráfico ou editor egocêntricos — dirá que é o repórter. No entanto, a reportagem como atividade não existiu ou era irrelevante em 200 dos quase 400 anos da história da imprensa.

Quando o jornalismo surgiu, no início do século XVII, o paradigma do texto informativo era o discurso retórico, empregado desde tempos remotos para a exaltação do Estado ou da fé. As línguas nacionais européias vinham surgindo, cada qual com seus grandes autores literários (Camões em Portugal; Cervantes e Quevedo na Espanha; Shakespeare e Milton na Inglaterra; Racine e Molière na França) — e este era o padrão que se buscava imitar.

1. O PUBLICISMO

Os primeiros jornais circularam, a partir de 1609, em centros de comércio, ligados à burguesia, e os primeiros jornalistas incumbiam-se de difundir as idéias burguesas. Algumas décadas mais tarde, os aristocratas também promoveram a edição de jornais que, de sua parte, divulgavam temas caros à aristocracia, dedicando muito espaço, por exemplo, aos casamentos, viagens de príncipes e festas da corte.

Fazer jornal era atividade barata: bastavam uma prensa, tipos móveis, papel e tinta. As tiragens possíveis — centenas, talvez poucos milhares de exemplares — correspondiam a um público leitor restrito de funcionários públicos, comerciantes e seus auxiliares imediatos.

Foi nesse contexto que a profissão fixou a sua imagem mais antiga e renitente: a do *publicismo*.

Por muitas décadas, o jornalista foi essencialmente um *publicista*, de quem se esperavam orientações e interpretação política. Os jornais publicavam, então, fatos de interesse comercial e político, como chegadas e partidas de navios, tempestades, atos de pirataria, de guerra ou revolução; mas isso era visto como atração secundária, já que o que importava mesmo era o *artigo de fundo*, geralmente editorial, isto é, escrito pelo editor — homem que fazia o jornal praticamente sozinho.

A pretensão de orientar e interpretar estava sem dúvida ligada ao estilo, que era parecido com o dos discursos e proclamações. A narrativa surgia às vezes — tanto de acontecimentos reais quanto de eventos fictícios ou alegóricos — e os registros menores lembram o tom seco dos enunciados informativos conhecidos na época (anais, atas, relatórios, as relações de episódios listados em ordem cronológica que tinham o nome de *crônicas*), mas a linguagem dominante ficava entre a fala parlamentar, a análise erudita e o sermão religioso.

Muitas grandes figuras da revolução de Cromwell, na Inglaterra do século XVII, ou da Revolução Francesa, no século XVIII, eram publicistas. O conceito publicístico do jornalismo perdura até hoje. É nesse sentido que Lenin, que escrevia artigos na *Iskra* e na *Pravda*, ditando diretrizes para a Revolução Russa de 1917, foi um grande jornalista.

No Brasil, exemplo moderno de publicista é Carlos Lacerda, jornalista experiente que montou seu próprio jornal, a *Tribuna da Imprensa*, e, na década de 1950, galgou, a partir dele, posições políticas importantes, chegando a governador da Guanabara, o antigo Distrito Federal, que depois se juntaria ao Estado do Rio de Janeiro. A *Tribuna* teve alguns bons repórteres, mas a grande maioria de seus leitores comprava o jornal para ler o artigo de Lacerda: eram os *lacerdistas*.

As pessoas que detêm algum poder ou se estabelecem em áreas de influência social costumam sustentar uma visão publicística do jornalismo. É por causa dessa concepção que políticos, economistas e dirigentes sindicais lutam para impor aos órgãos que controlam o palavrório empolado de seus discursos; e os intelectuais em geral, incapazes de distinguir informação de propaganda, imaginam que os jornalistas têm poder absurdo sobre o público, que eles chamam de *massa*, quando lhes é hostil, e *povo*, quando lhes é simpático.

Muitas dessas pessoas costumam avaliar o jornalismo por um critério singular: independente da qualidade da informação, ele é bom quando os fatos relatados apontam para interpretação favorável a suas idéias e mau quando ocorre o contrário. Assim, para a média dos intelectuais progressistas, o jornalismo foi ótimo no Vietnã, quando houve condições de mostrar a guerra de perto, com cenas vivas de sua tragédia humana, e péssimo na cobertura das intervenções americanas subseqüentes (na Líbia, no Iraque, na Somália, na Iugoslávia...), em que essas condições foram suprimidas.

2. Sensacionalismo e educação

O século XIX europeu mudou radicalmente as condições em que se exerce o jornalismo. Com a Revolução Industrial, o público leitor ampliou-se rapidamente. A crise do modo de produção feudal — destruído, entre outros fatores, pela concorrência dos produtos vindos de regiões recém-colonizadas da América, África e Ásia — deslocou importantes contingentes de população para as cidades. O surgimento de instalações fabris concentrou, em condições sociais particularmente difíceis, os operários — cujos antepassados, os artífices, trabalhavam em suas próprias aldeias (na origem, a palavra *fábrica* quer dizer "a casa do operário"). A organização do trabalho e a expansão do comércio exigiam grande número de administradores, capatazes e técnicos, necessariamente alfabetizados.

As tiragens dos jornais, por tudo isso, multiplicaram-se por cem ou por mil. Para produzir número tão elevado de exemplares, a mecanização — chave da Revolução Industrial — chegou à indústria gráfica. Surgiram, logo no início do século, as impressoras rotativas, de grande capacidade. A composição automática das linhas impressas teria que esperar até 1880, década em que Mergenthaler, imigrante alemão de Boston, inventou o linotipo. O século XIX foi, assim, o século dos tipógrafos, que compunham as linhas a mão, catando os tipos das gavetas de estantes.

Foi necessário mudar progressivamente o estilo das matérias que os jornais publicavam. A retórica do jornalismo publicista era impenetrável para os novos leitores, herdeiros de uma tradição de cultura popular muito mais objetiva. Além disso, a guerra de opiniões perdia interesse porque não havia, como antes, aristocracia poderosa para se opor ao pensamento burguês e a organização dos operários para a ação política contínua sempre esbarrou em grandes obstáculos — quando não a repressão policial, a recessão econômica.

O público — pessoas comuns, não os segmentos engajados — é pragmático: para entusiasmar-se por uma idéia, não lhe basta que pareça verdadeira; é preciso que seja exeqüível. Assim, o discurso revolucionário costuma funcionar apenas, em termos de mobilização ampla, quando apoiado em estrutura política suficientemente poderosa ou quando responde a uma situação de real desespero.

Com a mecanização, o custo de produção dos jornais havia aumentado. Eles já não eram financiados pelos seus leitores, como antes: o mercado publicitário nascia e com ele a integração da imprensa com os interesses gerais da economia. Precisavam de anúncios e estes dependiam do número de leitores. A luta pelo mercado desataria, nas décadas seguintes, forte concorrência entre gêneros distintos que os jornais passaram a abrigar: as *novelas* ou *folhetins* — textos literários extensos, que se publicavam em capítulos, nos *rodapés* de página; os desenhos alegóricos ou satíricos, que dariam origem ao cartum, à charge e às histórias em quadrinhos; as novidades, com ênfase ora na vida real e na realidade imediata, ora em países remotos, cujos estranhos costumes e paisagens ofereciam a dose necessária de fantasia.

O jornalismo dessa época pode ser considerado, de um lado, *educador* e, de outro, *sensacionalista*.

A vertente educativa se explica porque a incorporação dos novos contingentes populacionais à sociedade industrial implicava mudanças radicais de comportamentos e da compreensão das relações humanas. Em lugar do ciclo anual de atividade — plantio, colheita —, a rotina diária do trabalho nas fábricas e escritórios. Em lugar da servidão instituída — contrato tácito pelo qual o servo espera que o patrão o socorra em momentos difíceis —, o regime de salários sujeito ao único arbítrio de leis que, então, sequer existiam. Em lugar da vizinhança conhecida e estável, unida por laços de solidariedade, a multidão de estranhos, que se solidariza em espasmos, numa greve, na torcida de um time de futebol ou na explosão de raiva de um quebra-quebra.

A vida em sociedade era bem mais dinâmica do que antes; tudo mudava rapidamente. Daí o interesse que passaram a ter, nessa época, os críticos — de literatura, de teatro, de moda, de costumes. O jornal ensinava às pessoas o que ver, o que ler, como se vestir, como se portar — e mais: exibia, como numa vitrina, os bons e, para escândalo geral, os maus hábitos dos ricos e dos poderosos.

A vertente sensacionalista justifica-se porque, para cumprir a função sociabilizadora, educativa, devia-se atingir o público, envolvê-lo para que lesse até o fim e se emocionasse. Precisava-se abordar temas que o empolgassem. O paradigma para isso era a literatura novelesca: o sentimentalismo, para as moças; a aventura, para os jovens; o exótico e o incomum, para toda a gente. A realidade deveria ser tão fascinante quanto a ficção e, se não fosse, era preciso fazê-la ser.

3. O NASCIMENTO DA REPORTAGEM

Foi então que nasceram a reportagem e seu instrumento, o repórter.

Do ponto de vista técnico, escritores de folhetins e jornalistas obrigaram-se a reformar a modalidade escrita da língua, aproximando-a dos usos orais ou cultivando figuras de estilo espetaculares, ora exagerando no sentimentalismo, ora incorporando a invenção léxica e gramatical das ruas. Descobriu-se a importância dos títulos, que são como anúncios do texto, e dos *furos*, ou notícias em primeira mão: o jornal que publicasse primeiro o relato de um fato de interesse público seria lido em lugar dos concorrentes e ganharia pontos na preferência dos leitores em geral para as próximas edições.

Conflitos eram inevitáveis. À medida que a figura do repórter se definia, que ele se tornava importante, que era mais vezes acionado para cobrir os fatos sociais — os crimes, as agitações de rua, as guerras e os debates parlamentares —, mais se instauravam contradições entre os relatos jornalísticos e os preconceitos ou valores sustentados pelas elites e pelos anunciantes. Já não se podia, como antes, tratar os protestos populares como casos de polícia, desviar fundos públicos ou massacrar povos coloniais, mantendo tudo em segredo. A história oficial era desmentida antes mesmo de ser escrita.

Poucos documentos relatam, por exemplo, a liquidação sistemática das culturas inca, asteca e maia, na América espanhola, nos séculos XVI, XVII e XVIII. O século XIX, pelo contrário, foi um tempo de revelações. Todos ficaram sabendo das motivações reais de aventuras bélicas como a guerra do ópio, que impôs o comércio de entorpecentes na China sobre controle inglês, ou de estratégias covardes, como o uso de metralhadoras contra o exército zulu, na África do Sul, pela mesma Inglaterra — o imperialismo da época. A luta de classes não pôde ser mostrada como revolta da ralé social nem o desemprego maciço na Europa continental como mero fruto de acidentes climáticos, malandragem e incompetência dos italianos, irlandeses, alemães ou poloneses. Em meio à propaganda de sempre, surgiam, por via da reportagem, os fatos reais.

Repórteres passaram a ser bajulados, temidos e odiados. A reportagem colocou em primeiro plano novos problemas, como discernir o que é privado, de interesse individual, do que é público, de interesse coletivo; o que o Estado pode manter em sigilo e o que não pode; os limites éticos do comércio e os custos sociais da expansão capitalista.

4. O JORNALISMO COMO TÉCNICA

Foi nos Estados Unidos do fim do século XIX e início do século XX — o tempo da *belle époque* européia — que o sensacionalismo atingiu seu paroxismo. O país viveu um surto de desenvolvimento sem precedentes, a partir do fim da guerra civil que aboliu a escravatura. A socialização, ali, tornou-se imperiosa: eram não apenas os negros que, embora legalmente libertos, tiveram que esperar décadas para terem seus direitos mínimos reconhecidos, mas multidões de imigrantes europeus, expulsos pela crise recessiva imposta à Europa. Gente que não falava, ou mal falava o inglês, disposta a quase tudo na luta pela sobrevivência, enfrentando condições e situações inteiramente novas.

A indústria dos jornais prosperou com a América. Criou seus magnatas, Joseph Pulitzer (1847-1911) e William Randolph Hearst (1863-1951). Levou ao exagero tudo o que se fazia na Europa: Hearst é acusado de promover a guerra com a Espanha pela posse de Cuba, só para vencer seu rival, cuidando de ter exclusividade na cobertura jornalística dos combates — para o que fretou e equipou um iate. As tiragens excediam tudo o que se vira até então. A luta pelo *furo*, pela conquista do leitor a qualquer preço, levou-o a *plantar* repórteres em toda parte — nas repartições, nos sindicatos, nas empresas — e conduziu a relações progressivamente menos éticas entre jornalistas e fontes.

A reação ao jornalismo amarelo — o nome provém de uma tira em quadrinhos do *Morning Journal* de Hearst, chamada Yellow Kid — surgiu no próprio meio profissional. Instituíram-se os cursos superiores de jornalismo e buscaram-se, por via da pesquisa acadêmica, padrões para a apuração e o processamento de informações. O paradigma, imposto pela realidade da época, foram as ciências exatas. Estabeleceu-se que a informação jornalística deveria reproduzir os dados obtidos com as fontes; que os testemunhos de um fato deveriam ser confrontados uns com os outros para que se obtivesse a versão mais próxima possível da realidade (a *lei das três fontes*: se três pessoas que não se conhecem nem trocaram impressões contam a mesma versão de um fato que presenciaram, essa versão pode ser tomada por verdadeira); que a relação com as fontes deveria basear-se apenas na troca de informações; e que seria necessário, nos casos controversos, ouvir porta-vozes dos diferentes interesses em jogo.

A notícia ganhou sua forma moderna, copiando o relato oral dos fatos singulares, que, desde sempre, baseou-se, não na narrativa em seqüência temporal, mas na valorização do aspecto mais importante de um evento. No caso do texto publicado, essa informação principal deve ser a primeira, na forma de *lead* — proposição completa, isto é, com as circunstâncias de tempo, lugar, modo, causa, finalidade e instrumento. Deflagrou-se uma campanha permanente contra a linguagem retórica e destacou-se a importância da ética como fator de regulação da linguagem jornalística.

Esse programa, cuja implantação é lenta, parcial e depende de crítica permanente, não assegura, nem poderia assegurar, que a sociedade americana evoluísse no sentido da perfeição. Não impediu, por exemplo, que a luta operária fosse sistematicamente associada ao banditismo; que se formassem preconceitos brutais contra descendentes de alguns povos (os negros, principalmente, depois os judeus, árabes, italianos e irlandeses, e, finalmente, os latino-americanos); que se implantasse o mais desvairado consumismo; que, tornado sede de um novo império, o país reproduzisse e até ampliasse, nas suas ações internacionais, as piores práticas do imperialismo inglês.

É erro crasso exagerar o papel do jornalismo como ditador da opinião pública, mas tornou-se axioma do ofício — algo que nós, jornalistas, consideramos auto-evidente — a convicção de que ele contribui positivamente quando exercido de maneira correta. Isto significa que o jornalismo progressista não é aquele que seleciona apenas discursos tidos como avançados em dado momento, mas o que registra com amplitude e honestidade fatos e idéias de seu tempo.

O conjunto de técnicas surgido na América terminou sendo o mais adequado para a situação gerada na sociedade industrial madura. Os procedimentos desenvolvidos ali difundiram-se rapidamente por todos os países industrializados, com adaptações às culturas locais. Mesmo os críticos mais veementes do positivismo ou do funcionalismo — como é o caso dos sistemas de informação da Igreja

Católica ou da União Soviética, enquanto ela existiu — terminaram adotando as normas básicas da escola americana para a produção de notícias e reportagens jornalísticas. Elas são versáteis o bastante para conviver com diferentes ideologias; podem suportar linhas editoriais fundadas em *hard news* — notícias pesadas, como as de política nacional e internacional, ciências ou economia — ou em temas de entretenimento, como esportes e espetáculos. Tomadas como signo da modernidade, chegaram ao Brasil meio século depois e levaram mais duas décadas para se impor (como sempre, não totalmente) aqui.

A técnica moderna de redação jornalística sobreviveu mesmo a mudanças nos processos de trabalho implantados, com ela, no início do século XX. Imaginava-se, então, uma segmentação de funções, como numa linha de montagem — a transferência para a redação do modelo produtivo do *taylorismo*, baseado no princípio de que quem cumpre só uma pequena tarefa é capaz de cumpri-la com a máxima eficiência. Imaginou-se, por algum tempo, que os repórteres deveriam apurar, os redatores redigir, os redatores do *copydesk* confrontar e corrigir, os diagramadores montar as páginas e os editores comandar isso tudo.

Hoje, com os computadores, a responsabilidade do repórter cresce e se diversifica: ele não apenas deve apurar bem, mas formular seu texto como o melhor dos redatores e participar das tarefas de edição; é inevitável comparar essa atividade múltipla com o modelo *toiotista*, que chegou à indústria ocidental, com a voga dos produtos asiáticos, na década de 1970. Para adequar-se a esse modelo, o operário deve ser versátil e interessado pela totalidade do processo de produção. Também o jornalista.

5. O REPÓRTER COMO TESTEMUNHA

Se os séculos XVII e XVIII foram os do jornalismo publicista e o século XIX o do jornalismo educador e sensacionalista, o século XX foi o do jornalismo-testemunho. Não quer dizer que todos o entendessem assim. Representações sociais perduram além das condições que as fizeram nascer: tanto quanto a visão publicística do jornalismo, sobreviveram as visões sensacionalista e educativa, bem como práticas jornalísticas que se enquadram em cada uma dessas categorias.

O fato, porém, é que a informação deixou de ser apenas ou principalmente fator de acréscimo cultural ou recreação para tornar-se essencial à vida das pessoas. E o âmbito da informação necessária ampliou-se muito além da capacidade individual de acesso do homem comum a outras fontes — textos didáticos, documentos oficiais etc.

Para o planejamento de qualquer atividade prática — da escolha de carreira profissional a uma compra a prazo, investimento financeiro ou ida a uma casa de espetáculos —, as pessoas necessitam de informações que estão nos veículos de comunicação ou podem ser inferidas a partir do que eles noticiam.

Caso particular é o do desenvolvimento científico e tecnológico.

Novas técnicas e produtos passam a fazer parte da rotina das pessoas, exigindo conhecimentos que não é mais possível adquirir no ritmo tradicional dos currículos escolares. Em alguns meses, lições transmitidas em cursos regulares desatualizam-se ou são inteiramente superadas.

A sociedade moderna é composta de especialistas. Quem atua em um campo profissional ou tem determinado tipo de vida desenvolve conhecimentos muito profundos da especialidade ou de sua área de interesse, mas tende a ignorar o que se passa nas outras especialidades e áreas. Como, na prática, profissões e atividades se interligam cada vez mais, é através do jornalismo que a informação circula, transposta para uma língua comum e simplificada, menos precisa mas com potencial bastante para permitir julgamentos e indicar caminhos de investigação a quem estiver interessado.

A informação torna-se, portanto, matéria-prima fundamental e o jornalista um tradutor de discursos, já que cada especialidade tem jargão próprio e desenvolve seu próprio esquema de pensamento (compare-se a fala de um diplomata com a de um militar ou a de um assistente social com a de um economista).

Traduzir já não é pouco: basta confrontar o efeito emocional de expressões como "hidrolato simples" e "perda de poder aquisitivo", por um lado, e "água" e "empobrecimento", por outro. Mas o processo não pode ser reduzido à simples troca de itens léxicos. O processamento mental da informação pelo repórter inclui a percepção do que é dito ou do que acontece, a sua inserção em um contexto (o social e, além desse, toda informação guardada na memória) e a produção de nova mensagem, que será levada ao público a partir de uma estimativa sobre o tipo de informação de que esse público precisa ou qual quer receber. Em suma, o repórter, além de traduzir, deve confrontar as diferentes perspectivas e selecionar fatos e versões que permitam ao leitor orientar-se diante da realidade.

6. O REPÓRTER COMO AGENTE

O repórter está onde o leitor, ouvinte ou espectador não pode estar. Tem uma delegação ou representação tácita que o autoriza a ser os ouvidos e os olhos remotos do público, selecionar e lhe transmitir o que possa ser interessante. Essa função é exatamente a definida como a de agente inteligente.

O conceito tem sido desenvolvido na área da ciência da computação e se aplica, em geral, a dispositivos eletrônicos que assumem comportamento inteligente para desenvolver tarefas para as quais os usuários não estão adestrados, que são impossíveis para eles ou lhes ocupariam tempo não disponível. Por exemplo: localizar na Internet sítios sobre um assunto, comparar preços e características técnicas de produtos ou executar séries variáveis de comandos numa operação qualquer, em ambiente não controlado.

Um agente inteligente deve ter autonomia, isto é, operar sem intervenção direta de seu contratante; ter habilidade social, isto é, interagir com outros agentes, desenvolvendo, para isso, competência comunicativa; ser reativo, isto é, perceber o meio em que atua e responder em tempo aos padrões de mudança que ocorrem nele; e ser capaz de tomar a iniciativa, comportando-se de modo a cumprir sua tarefa.

Os dispositivos eletrônicos que têm essas capacidades só podem ser descritos em termos de intenção, crenças, deliberações, consciência e habilidades. Seu procedimento pressupõe, a cada instante, uma previsão do que pode acontecer nos instantes seguintes e a escolha de caminhos que julgam mais adequados para cumprir uma tarefa. Envolve, ainda, a construção de estratégias e a confiança na própria capacidade de atingir os objetivos para os quais foram programados (se se pensa em termos de programação linear) ou treinados (se se pensa em termos de redes neurais).

Dispositivos eletrônicos e homens são diferentes, o que traz, para estes, muitas vantagens e uma desvantagem importante.

As vantagens são óbvias: seres humanos, como os repórteres, são mais versáteis do que as máquinas atuais. Utilizam línguas naturais, que são muito mais abrangentes, embora, em geral, menos exatas, do que qualquer linguagem artificial; sua autonomia, habilidade social e reação ao meio são mais eficazes.

Já a desvantagem é que, ao contrário de qualquer máquina, agentes humanos, como os repórteres, têm sua própria tendenciosidade. Construíram, ao longo da vida, uma série de crenças e padrões de comportamento que nem sempre se adaptam à tarefa que executam e, principalmente, às intenções daqueles que estão representando, isto é, os leitores.

Tomemos um exemplo. Suponhamos um profissional jovem,

contratado para trabalhar em uma publicação que trata da vida de gente rica — modas, infidelidades conjugais, hábitos e costumes. Os personagens são pessoas de vida devassada, que gostam de aparecer em colunas sociais e de *gossips* (fofocas): dificilmente algum deles se sentiria ofendido com coisas que incomodariam outras pessoas, como ser fotografado com o dedo no nariz ou flertando com a mulher do próximo. No entanto, admitamos que o profissional, por formação, tenha sido condicionado a respeitar religiosamente a privacidade dos outros. Isso pode ser a tal ponto determinante que torne impossível o trabalho: ou seu texto será sutil demais, e não dará para entender o que está sendo dito, ou será explícito demais, e se tornará grosseiro.

Quanto à inadaptação aos interesses dos leitores, o problema surge, em geral, quando o jornalista trabalha em veículos destinados a grupos de pessoas muito diferentes dele mesmo — diferenças de classe social, etárias, culturais ou de hábitos. Geralmente a referência para se saber o que *o leitor gostaria de ler* são pesquisas de opinião, quantitativas (estatísticas) ou qualitativas (em grupos menores, que aprofundam um tema). No entanto, há uma infinidade de situações que não podem ser previstas nesses levantamentos e diante das quais surgem dúvidas e ocorrem erros estratégicos.

Até que ponto os detalhes de uma solenidade — desfile diante de tropas, hinos, cerimonial — interessam, por exemplo, a um leitor jovem, de uma camada pobre da sociedade? A exibição de imagens de uma cirurgia cardíaca será considerada informação válida, apelação sensacionalista ou agressão visual por um público de donas-de-casa? A violência policial é assunto palpitante ou fato corriqueiro para um favelado? Numa sociedade que assiste diariamente a uma infinidade de cenas de violência em seriados de televisão, a descrição realista, passo a passo, de uma cena de violência real é aceitável numa publicação destinada a adolescentes? Uma reportagem sobre penteados sofisticados interessa a moças que trabalham ou, exatamente porque trabalham, não têm tempo para se preocupar com essas coisas?

7. O *INSIGHT* DA REPORTAGEM

A natureza humana e inteligente do agente-repórter manifesta-se por outro traço difícil de reproduzir, com qualquer tecnologia previsível, em um equipamento: o *insight*.

Uma suposição comum é que as hipóteses que se formulam sobre um fenômeno baseiam-se na experiência objetiva. Diz-se que, se dois fatos coincidem em casos particulares uma, duas, três, muitas vezes — por exemplo, a lua nova e o início de um período de chuvas —, acreditamos que isso ocorrerá sempre: a cada lua nova haverá chuva.

No entanto, as coisas nem sempre se passam assim. Diante de fenômenos complexos, é preciso imaginação e apoio vago na realidade — em indícios e no conjunto das circunstâncias envolvidas — para se formular uma hipótese plausível. Isso explica como a queda da maçã deflagrou em Newton a hipótese da gravitação universal ou como, a partir do quadro científico de seu tempo, Einstein concebeu a Teoria da Relatividade.

Uma das conseqüências dessa capacidade humana de considerar conjuntos amplos e imprecisos — eventualmente indizíveis — de indicadores é a importância do ambiente para a construção de uma narrativa capaz de significar.

Imaginemos um redator baseado em Londres, com acesso a todos os dados possíveis — relatos militares, testemunhos civis e suporte na informação geográfica e histórica das melhores enciclopédias — sobre um conflito numa região da Turquia ou da Romênia. Em tese, ele teria condições de produzir reportagens iguais ou melhores — já que dispõe de tranqüilidade — do que um correspondente situado no lugar do conflito.

Isso não acontece, em geral. O emissário no local do conflito ordena melhor as informações, tem maior noção do que é ou não relevante, porque sente o *clima* do que acontece: está diante de pessoas reais, com representações variadas e peculiares dos acontecimentos, percebe como essas pessoas — militares, civis, revoltosos — reagem, o quanto estão envolvidas na luta e o que cada episódio significa no contexto.

Esse conjunto difuso de representações — um quadro — é o diferencial entre uma reportagem viva — portanto mais palpitante — e um relato construído segundo uma lógica que será a do ambiente londrino, não do cenário turco ou romeno.

O repórter é, portanto, mais do que um agente inteligente, tal como o descreve a atual teoria da inteligência artificial. Além de processar dados com autonomia, habilidade e reatividade, modela para si mesmo a realidade, com base no que constrói sua matéria.

Pode-se chamar isso de intuição, faro ou percepção. Mas nada tem de mágico ou misterioso: é apenas uma competência humana que, como todas as outras, pode ser aprimorada pela educação e pelo exercício.

8. PARA LER MAIS

Sobre os primeiros jornais, TERROU, 1963, p. 19. Há uma interpretação da evolução da imprensa em LAGE, 1981. Sobre a história da imprensa brasileira, a obra clássica é SODRÉ, 1966. Para a história da imprensa americana, EMERY, 1965. Há dezenas de biografias e textos sobre Hearst e Pulitzer na Internet. Quanto ao jornalismo como forma de conhecimento, sugere-se GENRO FILHO, 1987; MEDITSCH, 1992 e 1998. Sobre agentes inteligentes, recomenda-se WOOLDRIDGE & JENNINGS, 1995. A exposição clássica sobre o papel do *insight* na produção de teorias científicas está em POPPER, 1999.

Pautas & pautas

Veículos impressos (e também, naturalmente, os serviços jornalísticos de rádio e televisão, desde que surgiram, no século XX) sempre planejaram de alguma forma suas edições, mas a instituição da pauta como procedimento padronizado é relativamente recente. Institucionalizou-se, a princípio, nos magazines: a razão é que revistas, ao contrário de jornais, não têm o compromisso de cobrir todos os assuntos de sua área de abrangência: devem selecioná-los, sob pena de ter fantástico excesso de produção — e perda de investimento. A obrigação de selecionar ressalta a importância do planejamento da edição. Além disso, matérias de revista são feitas a partir de enfoques editoriais específicos, que precisam ser considerados previamente.

A revista, bem mais do que o jornal, obedece a um discurso institucional que lhe é próprio: magazines sobre automóveis *vendem* a cultura do automóvel (não necessariamente produtos de uma fábrica ou marca); os de informática, a cultura dos computadores; as de arquitetura, certos padrões de gosto e estilo; as eróticas, alguma estética e certa ética, ainda que liberal. A identificação pelo leitor dessa ideologia ou forma de ver o mundo é o segredo de marcas como *Time*, *Playboy* ou *The National Geografic Magazine*.

1. Histórico

A revista *Time*, pioneira em seu gênero e uma das primeiras a organizar-se como indústria de informação, realiza semanalmente, desde o início do século XX, sua reunião de pauta, presentes os editores de áreas e o editor-chefe, que é o delegado da direção (do *board* de diretores) da empresa. As matérias são, então, programadas, não apenas quanto aos fatos a serem apurados, mas, principalmente, quanto à linha de orientação do texto: a política da revista é reunir volume de informação muito maior do que aquele que será publicado, exatamente para permitir seleção de fatos que dêem apoio à linha editorial (escolhem-se e ampliam-se os que a sustentam; desprezam-se ou minimizam-se os que a contrariam). A linha editorial da *Time* reflete geralmente os interesses do *establishment* americano: mais republicana do que democrata, articulada com o Pentágono (o comando militar) e a Secretaria de Estado (o ministério das relações exteriores). Dificilmente a orientação traçada com base nessa linha editorial será alterada no processo de produção.

Com maior ou menor tolerância, expressando correntes de pensamento mais ou menos explícitas, é esse o modo de produção de qualquer revista — e, particularmente, daquelas chamadas de informação geral, que seguem o modelo *Time*. Em magazines semanais, quinzenais ou mensais, pode haver mais de uma reunião de pauta — em cada editoria, com os repórteres, e a decisiva, congregando os editores de área. Cada editor propõe suas matérias e a revista é concebida como unidade que leva em conta diferentes fatores: agressividade, beleza plástica, atualidade, assuntos exclusivos etc. Quando a linha editorial está introjetada (ela é uma espécie de regra tácita do jogo), o debate concentra-se em torno de detalhes de confecção. Indicam-se fontes, produzem-se orientações para a apresentação, ilustração e complementação das matérias, o que pode envolver a mobilização de vários profissionais, de sucursais, correspondentes ou agências.

A pauta generalizou-se nos jornais diários brasileiros na esteira da reforma editorial iniciada, na área gráfica, pela *Última Hora* e, na questão do tratamento do texto, pelo *Diário Carioca*, do Rio de Janeiro — todos na década de 1950.

Última Hora, fundada por Samuel Weiner com o patrocínio de Getúlio Vargas, que buscava apoio na imprensa para seu segundo governo (1951-1954), chegou a formar uma rede nacional de jornais, com tiragem diária de mais de 700 mil exemplares, até ser liquidada, nos anos que se seguiram ao golpe de Estado de 1964. O *Diário*, de perfil político conservador, fechou em 1965, depois de ter revolucionado a maneira brasileira de escrever para jornal. Sob a orientação de Danton Jobim e Pompeu de Souza, não apenas introduziu na imprensa brasileira a técnica do *lead*, como a adaptou à língua portuguesa e introduziu uma série de reformas propugnadas pelo movimento modernista desde a década de 1920: as pessoas deixaram de morar "à rua X" para morar "na rua X"; vereadores deixaram de ser chamados de *edis*, prefeitos de *alcaides*, e assim por diante.

Uma das primeiras pautas estruturadas e completas em diários brasileiros — talvez a mais estruturada e completa dentre as primeiras — foi, no início da década de 1960, a do *Jornal do Brasil*, que levou adiante a reforma iniciada no *Diário*. Era redigida de véspera, abrangendo o jornal todo, e chegou a ser publicada, como serviço ao leitor, durante algumas semanas. A publicação foi interrompida por dois motivos, um oficial e outro verdadeiro: (a) ajudava o trabalho dos jornais concorrentes e (b) ao expressar o ponto de vista da chefia de reportagem, continha comentários irreverentes.

Quando a modernização do jornalismo brasileiro se generalizou, a partir de São Paulo, na década de 1970, a pauta foi introduzida por toda parte, junto com as técnicas de redação, a programação gráfica das páginas e os procedimentos gerenciais que caracterizam a imprensa industrial moderna. O modelo de modernidade escolhido deixou de lado algumas das formas de adaptação mais inteligentes do *Diário Carioca*; preferiu-se freqüentemente a cópia dos jornais americanos. Exemplo disso é o costume de colocar o número correspondente à idade das pessoas entre vírgulas, depois do nome: é claro que isso cabe perfeitamente em inglês, língua em que a idade é tida como atributo ("X *years old*") e fica estranho em português, no qual a idade é tratada como propriedade, em genitivo ("de X anos"). A estranheza se evidencia na leitura em voz alta — por exemplo, no rádio.

Antes da instituição da pauta, apenas as matérias principais ou de interesse da direção eram programadas. O noticiário do dia-a-dia dependia da produção dos repórteres que cobriam setores. Estes se obrigavam a trazer diariamente sua cota de textos, o que significava, na prática, ter uma programação de notícias *frias* ou reportagens *adiáveis* para os dias de menor atividade. De certa maneira, o planejamento da edição era, assim, descentralizado.

Quem prestar atenção a jornais antigos, particularmente edições dominicais, reparará que matérias sem atualidade ou ingenuamente atualizadas (com fórmulas do tipo "A polícia ainda não descobriu o assaltante que, na quinta-feira passada,...") ocupavam os pés das páginas (as *notas-pé*), ao lado de anúncios não pagos (os *calhaus*) da própria empresa jornalística ou de organizações a ela associadas. Isso resultava de duas deficiências: a de cálculo gráfico (projeção nas páginas do tamanho das matérias) e a de planejamento editorial (programação de um volume de matérias compatível com o espaço).

O espaço dos jornais é geralmente fatiado entre editorias que tratam de diferentes assuntos: política, economia, esportes etc. Sendo rígida a atribuição de espaços e deficiente o planejamento, coexistiam às vezes, numa mesma edição, páginas com fotos muito abertas e textos em corpo grande e outras com fotografias esmirradas e textos compactos, dependendo de se ter maior ou menor riqueza de assuntos na área de cobertura de cada editoria. Deslocavam-se anúncios em página indeterminada (de preço mais baixo) para páginas nobres quando era necessário cobrir espaços que a redação não podia preencher, em tal ou qual área de cobertura. Fazia parte da rotina dos secretários de redação (uma espécie de *publishers* ou editores executivos) ler todos os dias grandes *ficadas* da edição anterior (as matérias que sobravam), decidindo quais matérias seriam *distribuídas* (diríamos hoje *deletadas*) e quais deveriam permanecer à espera de lugar nas páginas.

2. O QUE É

A denominação *pauta* aplica-se a duas coisas distintas:

a) ao planejamento de uma edição ou parte da edição (nas redações estruturadas por editorias — de cidade, política, economia etc.), com a listagem dos fatos a serem cobertos no noticiário e dos assuntos a serem abordados em reportagens, além de eventuais indicações logísticas e técnicas: ângulo de interesse, dimensão pretendida da matéria, recursos disponíveis para o trabalho, sugestões de fontes etc.
b) a cada um dos itens desse planejamento, quando atribuído a um repórter. Ele dirá "a minha pauta", quer a tenha recebido como tarefa, quer a tenha proposto (o que é comum, particularmente com *free lancers*).

Pautas *caem* quando não é possível realizá-las: ou estavam erradas, ou o que previam não aconteceu por algum motivo, ou não se consegue apurá-las com os recursos disponíveis. Boas pautas são aquelas que dão origem a matérias que devem sair com destaque e, supostamente, acrescentam algo ao currículo do repórter. Pautas ruins ou *podres* são matérias eventualmente trabalhosas, mas que, presume-se, vão resultar em textos secundários, de menor interesse.

É claro que o êxito de uma pauta depende essencialmente de quem a executa. O trabalho de reportagem não é apenas o de seguir um roteiro de apuração e apresentar um texto correto. Como qualquer projeto de pesquisa, envolve imaginação, *insight*: a partir dos dados e indicações contidos na pauta, a busca do ângulo (às vezes apenas sugerido ou nem isso) que permita revelar uma realidade, a descoberta de aspectos das coisas que poderiam passar despercebidos.

No entanto, não há dúvida de que existem matérias destinadas a ser manchetes e outras que dificilmente terão essa honra. Quais, depende do momento: numa época, são as denúncias que importam; em outra, declarações violentas ou ofensivas de políticos; mais adiante, tragédias sociais. O jornalismo é um discurso datado: cada texto parte de um contínuo que reflete o conflito entre os interesses de quem manda e as preocupações e angústias de quem obedece, em cada campo de relações da sociedade: governo e povo, médicos e pacientes, escolas e estudantes etc.

3. Objetivos

O primeiro objetivo de uma pauta é planejar a edição. O princípio é que, mesmo que não aconteça nada não previsto em determinado dia — por exemplo, no domingo de uma editoria política ou na segunda-feira de uma editoria de esportes —, o jornal sairá no dia seguinte, os boletins de rádio serão produzidos, as gravações de televisão serão editadas e as equipes das revistas estarão nas ruas.

O planejamento tem todas as vantagens, do ponto de vista da administração. Garante interpretação dos eventos menos imediata, emocional ou intempestiva. Diminui a pulverização de esforços em atividades improdutivas. Permite a gestão adequada dos meios e custos a serem utilizados ou investidos numa reportagem, o que é muito importante, por exemplo, para a televisão, que desloca equipes com várias pessoas e equipamento caro, e para a nova *mídia* (como a Internet II, ou em banda larga), que integra produtos gráficos estáticos e em movimento, imagens, texto escrito e som. No caso dos jornais, viabiliza a realização de pesquisa prévia para ampliar uma cobertura, a produção de ilustrações e a concentração de recursos em matérias consideradas de interesse maior, deslocando pessoal, financiando viagens e contratando serviços sem enlouquecer a gerência de investimentos.

Mas a pauta é capaz também de assegurar a conformidade da matéria do jornal ou revista com interesses empresariais ou políticos. Esse tipo de controle é sempre menos eficaz no caso das notícias — mais ainda quando importantes ou inesperadas — e pode ser muito eficiente no caso de reportagens. Por exemplo, uma informação objetiva — "o promotor X acusou o político Y da apropriação de n reais na obra Z" — pode transformar-se numa investigação sobre a recente fortuna do político Y, numa exposição sobre a importância da obra Z para a comunidade ou em um levantamento que sugira o quanto a promotoria vem ultimamente acusando pessoas com provas discutíveis.

Uma pauta bem feita prevê volume de informação necessário para a garantia de eventuais *quedas de pauta* e ainda matérias que poderão ser aproveitadas posteriormente — por exemplo, no fim de semana da política ou da economia e no meio da semana dos esportes. Evita, por outro lado, o consumo inútil de homens-horas em produtos que jamais serão veiculados.

4. Decisões de pauta

Em veículos diários, cada editoria geralmente prepara sua pauta. A incumbência, em última instância, é do editor, mas é comum existir um *pauteiro*, por força das limitações de horário: pautas diárias costumam ser preparadas ou atualizadas no início da manhã e editores precisam trabalhar à tarde e à noite.

Algumas vezes, as indicações são deixadas pelo editor à noite e processadas pelo pauteiro de madrugada, junto com os assuntos que colhe na leitura de rotina dos jornais. Em outros casos, o pauteiro tem maior autonomia: é uma espécie de editor de planejamento, o primeiro homem a pensar diariamente no jornal do dia seguinte. Quando a primeira turma de repórteres sai pela manhã, a pauta pode ainda estar em preparo. Os assuntos do dia são em geral discutidos numa única reunião de editores, mais tarde, e as questões duvidosas que surjam antes disso são resolvidas em contatos informais com o editor de área ou o editor geral.

As pautas de noticiários de rádio parecem-se com as de jornais. Já as de televisão lembram, pelo detalhe, as de revista: é que, neste caso, as matérias costumam envolver alguma produção e incluem dados relacionados com a captação de imagens. As entrevistas para gravação devem ser marcadas e as locações combinadas previamente: trata-se de evitar a paralisação de equipes à espera de um entrevistado que se atrasou, está ocupado ou foi em casa trocar de gravata; e de obter permissão das pessoas para a entrada, em suas casas, oficinas ou escritórios, de três ou quatro homens com câmaras, microfones e luzes.

É por causa dessa perturbação (bem maior do que a causada pela presença de um repórter de jornal com um livrinho de notas ou um radiorrepórter com um pequeno gravador) que a televisão tornou-se a principal responsável pelo aproveitamento de situações rituais — inaugurações, cerimônias e solenidades — para entrevistar personagens. Isso tornou-se uma rotina, a tal ponto que presidentes em viagem ao exterior e ministros convidados para padrinhos de casamento são hoje preparados por seus assessores para responder a perguntas que em geral nada têm a ver com a visita ou com a festa.

5. Origens e seleção

As pautas de notícias (notícia é a cobertura de fatos) incluem: a) eventos programados (julgamento de acusados, votações em assembléias, inaugurações de obras etc.) ou sazonais (início do ano letivo, vendas de fim de ano, mobilização de bóias-frias para a colheita etc.); b) eventos continuados (greves, festejos, pontos de estrangulamento no trânsito etc.); c) desdobramentos (*suítes*, continuações) de fatos geradores de interesse (acompanhamento de investigações policiais, recuperação de vítimas de atentados ou acidentes, repercussão de medidas econômicas etc.); e d) fatos constatados por observação direta e que estão lá, esperando ser noticiados (mudanças nos costumes, ciclos de moda, deterioração ou recuperação de zonas urbanas etc.).

Programa-se geralmente a pauta de reportagem (a reportagem aborda um assunto em visão jornalística) a partir de fatos geradores de interesse, encarados de certa perspectiva editorial. Não se trata apenas de acompanhar o desdobramento (ou *fazer a suíte*) de um evento, mas de explorar suas implicações, levantar antecedentes — em suma, investigar e interpretar. Um desastre aéreo, em termos de cobertura noticiosa, pode gerar, nos dias seguintes, o acompanhamento da remoção dos destroços, da recuperação dos sobreviventes (se houver), do sepultamento dos mortos e do inquérito sobre as causas. Em termos de reportagem, motiva textos sobre a segurança dos vôos, indústria aeronáutica, serviços de salvamento, operação de aeroportos, atendimento médico de emergência etc.; ou então histórias pessoais com conteúdo trágico, dramático ou cômico relacionadas ao acidente. São, como se vê, coisas distintas.

Nada impede, porém, que se programem reportagens sem *gancho*, principalmente em áreas relacionadas a serviço, como comportamento ou temas ligados à saúde. Em todo caso, pautas de reportagens incluem o assunto; o fato gerador de interesse, se houver; a natureza da matéria (se narrativa, exposição de tema etc.) e o contexto; a linha editorial; uma definição mais precisa do que se espera em termos de aproveitamento; recursos e suporte técnico disponíveis (em televisão, tempo e condições de edição e sonorização, acesso a efeitos especiais e *design* gráfico, participação eventual de produtores etc.).

Pautas de notícias devem conter:

a) o evento;
b) hora e local;
c) exigências para cobertura (credenciais, traje etc.) e contatos para confirmação ou detalhamento da tarefa;
d) indicação de recursos e equipamentos (se com fotografia ou sem; condições para captação de imagens etc.);
e) o que se espera em termos de aproveitamento editorial (tamanho, duração, previsão de destaque ou urgência) e, no caso das redes de rádio e televisão, a possibilidade de emissão local, regional ou nacional: a localização dos eventos e até a identificação de algumas pessoas é feita diferentemente se a matéria é dirigida ao público de uma cidade ou se destina a um estado inteiro ou a todo o país.

Se for o caso, acrescentam-se:

a) o alinhamento editorial, com dados sobre o contexto. Por exemplo, a instrução de relacionar a inauguração da fábrica com o surto de desemprego, de suscitar na entrevista coletiva tal ou qual linha de questionamento etc.;
b) a indicação de fontes subsidiárias, consultores etc.

6. Excessos e escassez das pautas

A introdução da pauta é apenas um dos aspectos da utilização de técnicas de administração nas redações. Em que pesem todas as vantagens desse aporte de modernidade, há o risco de distorções. Uma dos mais comuns é a rigidez do planejamento: pautas muito detalhadas e precisas, linhas editoriais rigidamente definidas conduzem a uma situação em que o repórter se limita a relacionar fatos, depoimentos e dados estatísticos conforme as interpretações que lhe chegam prontas — como se estivesse preenchendo um formulário.

Há publicações — principalmente aquelas politicamente engajadas, mas também as que querem fazer jornal a partir de uma visão de *marketing* — em que as matérias dão a impressão de pautas ampliadas. O jornalismo perde, então, o traço de novidade e se torna um discurso de divulgação das idéias prontas — que não nasceram da consideração dos fatos, mas de ideologias ou crenças que um editor ou pauteiro dissemina, sem sair da redação.

Preconceitos e pressupostos ajudam pouco e atrapalham muito em jornalismo. A crença de que uma metrópole é violenta pode obscurecer a realidade de que boa parte das pessoas se diverte com tranqüilidade nas noites dessa mesma metrópole. A suposição de que os jovens são galhofeiros e irresponsáveis oculta o fato de que a maioria não o é. A tese de que os países ricos são mais civilizados desaba diante do espetáculo da brutalidade das torcidas de futebol, da recorrência do fenômeno do fascismo ou de excentricidades tolas, desde os leilões de quinquilharias até a luta por recordes sem qualquer sentido.

Há exemplos cômicos e dramáticos disso. Veículos pautados a partir de versões ou teorias sobre a realidade dão a impressão (os revolucionários) de que o caos é sempre iminente ou (os conservadores) de que determinado pacto de dominação vigente numa sociedade é sempre o melhor e, portanto, imutável; na mesma linha, podem fazer crer que todos os cidadãos vivem para consumir, todas as mulheres adoram liquidações, todos os foliões do carnaval são devassos exibicionistas etc. A partir de conceitos universais como esses, nada mais haveria a descobrir no mundo além do que se imagina que ele seja — e, portanto, não se teria muito que fazer em matéria de reportagem. A essência do jornalismo, pelo contrário, é partir da observação da realidade (do que ela tem de singular), esteja ou não conforme alguma teoria.

Por mais ênfase que se dê às vantagens do planejamento, é preciso deixar margem à improvisação. Acontecimentos ocorrem inesperadamente, prognósticos mudam diante dos fatos; por isso, repórteres

— e, obviamente, as chefias de reportagem e da redação — devem ter, em determinadas circunstâncias, autonomia editorial e acesso à totalidade dos recursos da empresa — o que envolve um contrato de confiança.

Pautas lacônicas ou imprecisas são outro problema que inferniza repórteres. A pauta deve, tanto quanto possível, disponibilizar as informações que se tem previamente e indicar as fontes de pesquisa conhecidas para a preparação da matéria. Deve também avaliar o tempo necessário à apuração adequada, tendo em vista o que se pretende, em termos de aprofundamento e exatidão. Isso significa que o editor ou pauteiro precisa ter experiência de reportagem, noção das dificuldades que podem surgir no trabalho e avaliação correta dos profissionais com que trabalha.

A introdução de técnicas de administração nas redações tem suas facetas anedóticas. Administradores adoram cenários de gestão de conflitos. Dão, por isso, grande importância a reuniões planejadas, com ou sem aquelas curiosas manobras de relaxamento que transformam senhores e senhoras em criancinhas que cortam figuras, cantam "atirei o pau no gato" ou dançam em torno de grandes mesas retangulares. Adoram exposições elaboradas, com *slides* ou programas em *datashow* em que pessoas vendem suas idéias. Tendem a projetar esses eventos como se fossem a coisa mais importante do mundo — e a adotá-los em substituição à efetiva e honesta troca de opiniões no dia-a-dia.

Reuniões editoriais ou de pauta devem, tanto quanto possível, dispensar essas encenações. E não são o lugar adequado para se tratar de formação de quadros, crítica do produto ou reflexões sobre políticas de longo prazo. As razões são várias:

a) a reunião de pauta é executiva, voltada para algo que ainda não se produziu, e a atitude necessária contrasta com aquela que se espera nas avaliações e planejamentos institucionais;
b) ao contrário do que acontece numa fábrica de máquinas ou de brinquedos, jornalistas têm responsabilidade plena pelo que fazem (não há fornecedores ou situações de mercado sobre os quais possam lançar a culpa), de modo que as críticas e análises os atingem pessoalmente, tendendo a levá-los a posições defensivas;
c) editores, repórteres e redatores são mais que gerentes de produto — devem ser criadores do produto e, portanto, seu espaço é a redação, não a sala de reuniões.

Veículos que pretendem evoluir permanentemente devem organizar circuitos paralelos com finalidades quer de aperfeiçoamento da equipe, quer de controle de qualidade do produto: debates sobre métodos de trabalho e novas idéias, cursos e palestras de atualização para seus repórteres e editores (sobre a profissão; sobre instrumentos de trabalho, como idiomas e programas de computador; e também sobre a área em que atuam); sistemas de avaliação e crítica externos à redação. Devem dispor ainda de consultores para o planejamento de decisões empresariais.

7. Procedimentos para a organização das pautas

As fontes de informação com que se organizam as pautas são notícias publicadas em rádio, jornal, televisão e na Internet; *press releases* e informações liberadas por fontes profissionais diversas, como assessorias de imprensa; dados que chegam ao conhecimento dos repórteres em seu trabalho rotineiro; matérias realizadas em outras praças e que podem ser adaptadas para a área de cobertura do veículo (a medição de níveis de ruído em esquinas movimentadas de uma cidade pode ser repetida em outra; o uso de um novo tipo de lente pode renovar imagens de cartão-postal etc.); cartas, telefonemas e *e-mails* de leitores ou de qualquer outra origem.

Muitas reportagens resultam da observação de fatos que geralmente passam despercebidos. É o caso de um súbito aumento do número de pedintes ou de camelôs nas ruas. Outras decorrem de inferências. Por exemplo, se determinado produto regional mantém preço alto e firme no mercado, isso deve gerar um surto de enriquecimento, progresso e até mesmo alterar relações sociais; se a moda impõe uma redução acentuada no comprimento dos vestidos, é provável que a indústria de tecidos seja atingida; se uma personalidade conhecida sofre enfarte em uma academia de ginástica, pode haver retração na freqüência aos exercícios etc.

Informações, em suma, são matéria-prima abundante e a dificuldade consiste em selecioná-las, isto é, definir quais reúnem as condições de interesse público necessárias para a sua transformação em notícia.

O procedimento convencional padrão na preparação da pauta é distribuir recortes, textos e anotações conforme as datas — usando, talvez, uma pasta sanfonada com muitas divisões. Matérias que exigem preparação (pedidos de credenciais, providências de viagem etc.) devem ter a data antecipada nessa rotina de arquivamento. É claro que se pode fazer a mesma coisa, com vantagem, utilizando bancos de dados de computador, quer já existentes, quer especialmente projetados.

Uma solução criativa é abrir uma página da Intranet (a rede interna do veículo) ou da Internet com acesso controlado para cada matéria prevista no futuro; ao longo dos dias, a página irá sendo complementada, pelo pauteiro, editor, pessoal de suporte do arquivo ou departamento de pesquisa, com informações que possam ser de interesse, de modo que, na data do evento, o repórter encontre ali tudo o que precisa para seu trabalho.

Isso tem vantagens evidentes quando se trata de coberturas sazonais, como as férias de verão, o início das aulas ou o carnaval. O lançamento de uma campanha de vacinação previsto para agosto, por exemplo, pode estar na rede a partir de maio. Em dois meses, a página irá recebendo sugestões, dados estatísticos sobre campanhas anteriores, resultados de pesquisas epidemiológicas, informação sobre os agentes e transmissores da doença etc. — quer transcritos, quer na forma de *links*. Diminui-se assim o risco de erros e de pobreza da informação, pragas comuns em jornalismo.

8. Para ler mais

Encontram-se referências diretas ou indiretas a pautas em ALENCAR, 1993; BAHIA, 1972; BIAL, 1996; ERBOLATO, 1991; ESTEVES, 1990; FUSER, 1996; e KOTSCHO, 1986.

Fontes & fontes

Poucas matérias jornalísticas originam-se integralmente da observação direta. A maioria contém informações fornecidas por instituições ou personagens que testemunham ou participam de eventos de interesse público. São o que se chama de *fontes*.

É tarefa comum dos repórteres selecionar e questionar essas fontes, colher dados e depoimentos, situá-los em algum contexto e processá-los segundo técnicas jornalísticas.

1. Histórico

Originalmente, as fontes de informação não eram treinadas para desempenhar esse papel. Ouviam-se funcionários públicos em geral, políticos, diretores de empresas, gerentes, viajantes (até meados do século XX, repórteres eram colocados nos portos, aeroportos e estações ferroviárias para entrevistar os passageiros que vinham da

Europa, da América do Norte, de países vizinhos ou, mesmo, de outras regiões brasileiras) e pessoas em geral envolvidas em algum evento de interesse público.

Após a Segunda Guerra Mundial, com a difusão das assessorias de imprensa (inicialmente integradas em departamentos de relações públicas, que deram origem às atuais assessorias de comunicação), contatos com instituições, empresas e, mesmo, pessoas notáveis passaram a ser feitos por intermediação profissional.

Essa transformação foi recebida com desconfiança: dizia-se que a existência de assessorias limitava o movimento dos jornalistas e os submetia a uma espécie de censura da informação na fonte. Até hoje, em muitos países, como em Portugal, nega-se a condição de jornalista aos profissionais que passam a trabalhar em assessorias; em toda parte, é comum repórteres considerarem assessores de imprensa mais como antagonistas do que como colaboradores no processo de produção de informação.

Se bem que os interesses que motivam repórteres e assessores dificilmente sejam idênticos, a experiência brasileira não sustenta essa contradição. Antes da existência de assessorias, repartições e empresas de serviços públicos costumavam selecionar os repórteres a quem forneciam informações. *Setorizados* nessas instituições, jornalistas terminavam cooptados, quer pela exclusividade do acesso, quer por favores e privilégios que, de forma mais ou menos explícita, complementavam seus salários. O resultado era uma situação em que *salas de imprensa* e *repórteres amigos* funcionavam como filtros políticos de informação, sem deixar margem a que profissionais "não acreditados" penetrassem em suas áreas de atuação.

A criação das assessorias teve, assim, vertente moralizadora e ética. A vinculação desses órgãos ao nível máximo da gestão das empresas e instituições, em vários casos bem documentados, ajudou a transformar a mentalidade dos administradores, levando-os a considerar a informação do público como tema sério, que não pode ser mera expansão da publicidade comercial nem algo que se deva ou possa controlar inteiramente.

O surgimento das assessorias contribuiu decisivamente para a profissionalização do setor de informação pública, com delimitação clara de posições, tanto do lado de quem fornece a informação quanto de quem a coleta. Ficou mais nítida a posição do repórter como agente do público, sujeito, embora, ao contexto das relações econômicas e de poder de que nada escapa na sociedade — certamente não as empresas jornalísticas.

A guerra da informação é, hoje, em várias áreas, uma guerra de assessorias, na qual se contrapõem habilidades profissionais de empresas e entidades empresariais, de um lado, e sindicatos de trabalhadores e organizações sociais, de outro. Nessa guerra, os setores mais resistentes — mais presos à política tradicional de segredo, repressão, corrupção e coação de jornalistas e empresas jornalísticas — encontram-se em segmentos econômicos mais atrasados, nas regiões mais pobres e, principalmente, no âmbito do Estado.

Caso típico é o da implantação no Brasil das empresas de assistência médica contratada. Essas organizações esbarraram, de início, no prestígio de que ainda gozavam, na classe média, os serviços públicos de saúde. Partiram, então, por suas assessorias de imprensa e utilizando mecanismos internos de informação, a pautar para a imprensa toda sorte de problemas nos hospitais e ambulatórios gratuitos mantidos pelo governo. Em pouco tempo conseguiram ampliar a clientela, assustando-a com o circo de horrores exposto em jornais, no rádio e principalmente na televisão por jornalistas que julgavam estar — de seu ponto de vista, certamente estavam — prestando serviço relevante e desinteressado com suas denúncias.

No entanto, o êxito obtido — a desmoralização dos serviços públicos, mesmo em cidades em que eles representavam conquista historicamente consolidada, como o Rio de Janeiro ou São Paulo — deve-se, mais do que a essa manobra, à perda real de qualidade das instituições governamentais, sem condições de atender à população crescente, e à incapacidade que demonstraram de armar-se para a batalha da opinião pública tal como ocorre em toda parte, no mundo moderno. A falta de condições e a incapacidade se explicam por instâncias políticas acima do nível de atuação de assessores e repórteres.

2. Os fundamentos teóricos

O primeiro e mais simples modelo de comunicação, de Shanon e Weaver (1949), atribui ao emissor a autoria da mensagem que transita por um canal em um código até o receptor. O conteúdo informado em uma matéria jornalística seria algo produzido pelos jornalistas, da mesma forma que um quadro de Van Gogh expressa o mundo íntimo de Van Gogh. Não é o que ocorre. Entre o fato e a versão jornalística que se divulga, há todo um processo de percepção e interpretação que é a essência da atividade dos jornalistas.

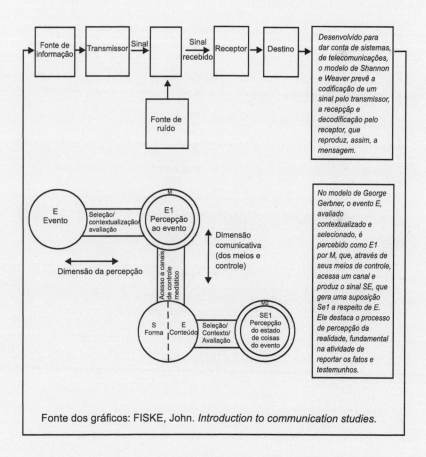

Fonte dos gráficos: FISKE, John. *Introduction to communication studies*.

Já o modelo de comunicação criado por George Gerbner (1956) estabelece a prioridade dessa função de representar subjetivamente a realidade antes de transmiti-la. A percepção da realidade, sua transformação em modelos mentais (grosseiramente, no E_1 do esquema de Gerbner) e, depois, em proposições lingüísticas, fotografias ou imagens editadas em movimento, não é tarefa de um só homem. Ela começa exatamente na fonte, que formula uma primeira representação que será levada adiante. Cada indivíduo da cadeia informativa entende a realidade conforme seu próprio contexto e seu próprio estoque de memória.

Perceber a realidade é construir um modelo mental dela. A Teoria dos Modelos, de Philip Johnson-Laird, aborda essa questão em detalhes. Modelos mentais são análogos estruturais do mundo: dão conta de relações estáticas e dinâmicas entre objetos, ações e estados; descartam aspectos não-relevantes da realidade para captar os relevantes. Tomados como hipóteses mais ou menos confiáveis, refletem crenças da pessoa, adquiridas por observação, informação ou inferência.

No âmbito da Teoria da Cognição, modelos mentais são concebidos como entidades computáveis e finitas, construídas a partir de elementos (ou *tokens*) que representam objetos e de relações. Esse é o objeto essencial ou básico a que se reportam as mensagens da fonte ao repórter.

Fontes podem mentir, mas é de esperar que não mintam. Colocam-se aí duas questões: "por que se conta que alguém preste informações a um estranho, se não ganha nada com isso?" e "por que confiamos que, decidida a responder, essa pessoa não inventará uma resposta qualquer?".

A primeira pergunta é respondida pelos cientistas sociais da corrente funcionalista (principalmente Lazarsfeld, Merton, Kennedy) que, nas décadas de 1930, 1940 e 1950, estudaram a comunicação humana: os homens consideram crucial ser aceitos socialmente e, por isso, desenvolvem atitudes cooperativas; trata-se de algo, supõem esses cientistas, que se molda desde a primeira infância, ao longo do processo de socialização.

São leis e códigos não-escritos, cuja violação implica sanções consensuais que existem em qualquer cultura. Incluem formas de tratamento, reciprocidade na troca de informações, ostentação de sinceridade e argumentação em defesa dos próprios interesses. Variam menos do que se pensa de uma cultura para outra.

Quanto à segunda questão, a melhor resposta é de Paul Grice, que, trinta anos mais tarde, fixou numa série de máximas (as máximas de Grice) o procedimento-padrão de pessoas envolvidas numa conversa em boa-fé (*bona fide*):

---

1. Máximas da quantidade

1.1. Faça sua contribuição tão informativa quanto necessária (para os propósitos reais da troca de informações);

1.2. Não faça sua contribuição mais informativa do que o necessário.

2. Máximas da qualidade

Tente fazer sua contribuição verdadeira.
2.1. Não diga o que acredita ser falso;
2.2. Não diga algo de que você não tem adequada evidência.

3. Máxima da relação

Seja relevante.

4. Máximas da maneira

Seja claro.
4.1. Evite a obscuridade;
4.2. Evite expressões vagas e ambíguas;
4.3. Seja breve (evite a prolixidade);
4.4. Seja ordenado.

Bown e Levinson acrescentaram três outras normas, menos genéricas:

1. Polidez
Seja educado.

2. Propriedade
Não seja inconveniente.

3. Implicação
Se algo não pode ser dito explicitamente, não se exponha: use uma forma implícita.

O que Grice quis dizer é que toda conversação depende do que um dos envolvidos imagina que o outro pretende. Se ambos se admitem em boa-fé, procurarão atender às máximas e esperarão, cada qual, que o interlocutor faça o mesmo. Nenhum deles será (nem esperará que o outro seja):

a) lacônico, nem contará mais do que lhe for perguntado (Máxima da quantidade);
b) deliberadamente falso, ou afirmará meras suspeitas (Máxima da qualidade);
c) excessivamente minucioso (Máxima da relevância);
d) vago, ambíguo, ou construirá de maneira desordenada seu discurso (Máxima da clareza).

O resultado de uma consulta à fonte depende, assim, basicamente, da intenção que essa fonte atribui ao repórter. Se acha que o repórter é uma ameaça (posição freqüente entre os ricos e os que têm algo a esconder), será parcimoniosa nas respostas; se vê na conversa uma oportunidade de defender seus direitos (o que é provável entre pessoas pobres), enfatizará reivindicações e reclamações; se teme que o repórter não compreenda algo (o que ocorre, em regra, com cientistas e pesquisadores de ciências exatas), procurará ser minuciosa e redundante na explicação. Em todos esses casos, é provável que perceba que está violando regras tácitas de conversação — e até o evidencie com frases intercaladas, tais como "não querendo me alongar", "acho importante dizer que...", "não sei se isso interessa, mas...", "para ser mais exato...". É o que se chama de metalinguagem — indício precioso quando se trata de avaliar intenções e constrangimentos.

As suspeitas quanto às intenções do repórter podem ser minimizadas de início: este pode demonstrar, por exemplo, que compreende o que um cientista tenta comunicar, ou deixar claro que partilha com a fonte um repertório comum — manifestando, por exemplo, interesse pela arte, se ouve um artista ou um curador de museu. Deve cuidar de qualificar-se como interlocutor válido, não subordinado nem inquisidor — um ouvinte, uma testemunha, um profissional da informação. Trata-se de etapa importante em qualquer conversa — aquela que cumpre a função fática, isto é, estabelece as regras e o contexto da troca de informações, regula finamente o código a ser empregado e estipula relações de poder que prevalecerão na etapa referencial, que consiste, finalmente, na abordagem do assunto.

Cumpridas essas manobras iniciais (estabelecido o contato com a fonte nos termos desejados), a melhor atitude, a maior parte do tempo, é aquela de quem presta atenção mas interfere o mínimo possível. A melhor aparência é neutra e convencional, o que inclui certa adaptação ao ambiente.

Como escreveu Grice, "é muito mais fácil dizer a verdade do que inventar mentiras"; as pessoas "aprenderam a agir assim na infância e não perderam o hábito de fazê-lo. E, certamente, afastar-se do hábito envolveria grande esforço". Um princípio geral da conduta humana é buscar a máxima eficiência com o menor custo possível

— e a mentira tem alto custo moral e físico. Isso é plenamente conforme à experiência dos detetores de mentiras, máquinas que constatam a falsidade de um depoimento com base nas dramáticas alterações de indicadores orgânicos — da pressão sangüínea ao tom de voz —, quando a pessoa sabe que mente.

No entanto, não estar mentindo não significa que se esteja dizendo a verdade; apenas que se acredita estar dizendo a verdade. Vendedores, pregadores e militantes políticos são treinados para estar convencidos daquilo que dizem e, portanto, para se mostrarem convincentes. Advogados e gestores de organizações desenvolvem complicados raciocínios, muitas vezes falaciosos, para demonstrar que estão certos; funcionários repetem esses discursos, que ouviram de seus superiores ou leram em documentos internos, não se sentindo obrigados a avalizar sua veracidade. Ao relatar um fato policial, testemunhas provavelmente destacarão os detalhes que estão de acordo com a sua crença sobre as razões do acontecimento e omitirão os que contrariam essa crença; pedestres tendem a exagerar quando falam da velocidade de automóveis envolvidos em acidentes, porque a alta velocidade é pressuposto comum nos delitos de trânsito; pessoas espancadas podem sinceramente imaginar seus agressores mais altos e fortes do que eram na realidade.

Dentre as máximas de Grice, a que tem gerado estudos e revisões mais profundas é a que se refere à relevância. Em uma definição formal, dada por Dan Sperber e Drierdre Wilson, relevante é aquilo que, combinado com informações da memória e do contexto, permite a produção de informação nova. A previsão de chuva para domingo, feita pelo noticiário de televisão com base em informações do Instituto Nacional de Pesquisas Espaciais (INPE), é, assim, relevante para alguém porque: (a) tem credibilidade, seja pelos acertos anteriores ou, mais provavelmente, pelo prestígio tecnológico da instituição que o gerou (não se compara, nesse aspecto, com o palpite do vizinho, que se baseia no quanto dói ou deixa de doer sua artrite do tornozelo); e (b) combinada com as intenções desse alguém, indica que não poderá ir à praia ou programar o churrasco ao ar livre do fim de semana.

É evidente que a falta de informações básicas acessíveis na memória e capazes de relacionar-se com alguma notícia nos impede de modelá-la e, portanto, de lhe atribuir alguma relevância. A mente humana trabalha com uma lógica peculiar: ela procura o melhor resultado com o menor esforço; uma informação que não se relaciona com algo que já sabemos tem custo de memorização muito elevado e tende a ser, portanto, ignorada.

O anúncio de uma desvalorização da moeda cresce em relevância quando o receptor dispõe na memória de um acervo de informações econômicas que lhe permite concluir que as exportações ficarão mais baratas para o comprador (serão, pois, estimuladas) e as importações mais caras, afetando, por exemplo, os preços do mercado. Daí se conclui que o anúncio será relevante para número maior de pessoas se essas informações econômicas forem agregadas à notícia; o risco, aí, é se construir uma matéria que, do ponto de vista de alguém que disponha de informações contextuais, pareça trivial ou óbvia.

Grande parte das críticas de superficialidade e de supressão de determinados temas em jornalismo decorre, assim, de deficiências de informação do público, que as estratégias de texto — a ampliação da informação contextual — podem superar, mas ao custo de, na perspectiva do leitor, ouvinte ou espectador mais bem informado, violar a segunda máxima de quantidade de Grice.

Informações adicionadas a uma notícia para permitir sua interpretação constituem pressupostos que, combinados com a notícia, conduzem a conclusões em raciocínios do tipo "se... então" (implicações) ou "se e somente se... então" (equivalências): se a moeda desvaloriza, então o produto nacional fica mais barato para os estrangeiros; se o produto nacional fica mais barato para os estrangeiros, eles deverão comprar mais; se os estrangeiros comprarem mais, então a produção será incentivada; se a produção for incentivada, então os custos tendem a baixar etc.

Do ponto de vista da pessoa que presta uma informação, a relevância é aferida com base naquilo que ela acha que é ou deve ser relevante para o ouvinte — e retornamos aqui à questão do juízo que um interlocutor faz do outro, numa conversa. Ocorrem, com freqüência, conflitos de relevância — quando fonte e repórter desenvolvem estratégias discordantes, cada qual pretendendo levar a conversa para o ponto que considera mais importante. É o caso do pesquisador, para quem o ponto principal de uma exposição é um detalhe técnico, diante do repórter que, pensando com a média do público, situa o principal em algo mais amplo, ou numa conseqüência social ou econômica.

A polidez e a conveniência das intervenções — a própria noção de *ser educado* — variam com a natureza da cultura e as relações sociais vigentes. O mesmo ocorre com a fala por implicações — dar indiretas, sugerir, indicar sem ser explícito. Suponhamos que um funcionário diz que acredita que a firma X irá ganhar uma licitação: pode estar apenas manifestando sua convicção de que a firma atende melhor às condições do edital, mas pode também estar sugerindo algum tipo de acerto ilegal em prejuízo dos concorrentes.

Pedir a alguém que explicite uma *indireta* (no sentido coloquial, contextualizado, dessa palavra) é fugir às regras tácitas da conversa; ainda assim, algumas perguntas suplementares podem reforçar o caráter suspeito de uma asserção desse tipo. Indiretas jamais devem ser transferidas sem maior exame para o texto de uma matéria jornalística — embora sirvam eventualmente como indicação para apuração futura. É possível, por exemplo, que a aposta do funcionário justifique uma consulta às licitações anteriores de que X participou, à composição acionária e ao registro da firma na Junta Comercial.

3. A NATUREZA DAS FONTES

As fontes podem ser mais ou menos confiáveis (confiança, como se sabe, é coisa que se conquista), pessoais, institucionais ou documentais. Classificam-se em:

a) oficiais, oficiosas e independentes

Fontes oficiais são mantidas pelo Estado; por instituições que preservam algum poder de Estado, como as juntas comerciais e os cartórios de ofício; e por empresas e organizações, como sindicatos, associações, fundações etc. Fontes oficiosas são aquelas que, reconhecidamente ligadas a uma entidade ou indivíduo, não estão, porém, autorizadas a falar em nome dela ou dele, o que significa que o que disserem poderá ser desmentido. Fontes independentes são aquelas desvinculadas de uma relação de poder ou interesse específico em cada caso.

Das três, as fontes oficiais são tidas como as mais confiáveis e é comum não serem mencionadas: os dados que propõem são tomados por verdadeiros. Assim, acontece de citarmos a população de uma cidade brasileira sem mencionar que ela foi estimada pelo Instituto Brasileiro de Geografia e Estatística (IBGE) ou divulgarmos o Produto Interno Bruto (PIB) sem nos referirmos à repartição que o calculou.

Trata-se de um mau hábito, que se deve mais a tradicional antagonismo com o mundo oficial ("não se deve promover essa gente") do que a qualquer questão de credibilidade. Devem-se citar, sempre que possível, as fontes, sobretudo de dados numéricos, e questionar informantes sobre a origem dos números que citam.

Fontes oficiais, como comprovam autores de todas as épocas, falseiam a realidade. Fazem isso para preservar interesses estratégicos e políticas duvidosas, para beneficiar grupos dominantes, por corporativismo, militância, em função de lutas internas pelo poder.

Mentem menos se os funcionários são mais estáveis e, portanto, conseguem sustentar sua integridade como estatísticos ou analistas. Mentem menos em sistemas totalitários do que democráticos. Mentem muito, provaram Chomsky e Herman, nos Estados Unidos, quando estão em jogo os interesses imperiais do país.

Comumente — e isso não é considerado aético —, sonegam informações de que efetivamente dispõem (os segredos de Estado, os dados confidenciais ou reservados, constituem uma categoria que costuma expandir-se além do justificável), destacam aspectos da realidade que convêm às instituições (preferindo, por exemplo, números relativos a absolutos, ou o contrário), alegam dificuldades inexistentes para desestimular quem procura informar-se. Funcionários mentem também por desleixo e preguiça, por vaidade (para fingir que são bem informados) e para se livrar do repórter chato.

Fontes oficiosas, expressando geralmente interesses particulares dentro de uma instituição, podem ser preciosas porque evidenciam algumas dessas manobras. No entanto, protegidas em regra pelo anonimato — o que dizem deve ser publicado *off the record*, isto é, sem menção da origem da informação —, são o veículo predileto para os *balões de ensaio*, anúncios feitos com o objetivo de medir reações e que, portanto, provavelmente não se confirmarão. Eventualmente, prestam-se também a veicular boatos, objetivando algum fim escuso: denegrir a imagem de uma pessoa, provocar o aborto de uma política em gestação, interferir numa decisão eleitoral etc.

O jornalismo americano vulgarizou a expressão *fontes independentes*, aplicando-a, comumente, quando a fonte (que não quer ser mencionada) são organizações chamadas, no Brasil, de *não-governamentais* (ONGs) e, nos Estados Unidos, de *sem fins lucrativos*. Na verdade, essas entidades nem são inteiramente não-governamentais (quem as financia são fundações e institutos que repassam recursos não apenas de grandes grupos econômicos mas também de governos, os quais, sem dúvida — ambos —, influem no destino das verbas) como constituem-se, via de regra, de quadros assalariados (quer como remuneração direta, quer como bolsas ou subsídios), o que as torna, afinal, lucrativas para quem as representa.

Funcionários de organizações não-governamentais são militantes treinados para ostentar fé cega naquilo que defendem — seja a preservação das baleias, seja a condenação do sexo entre adolescentes. Tal disposição coloca sobre suspeição os dados que fornecem, já que a nobreza do fim pode justificar, na representação de realidade deles, a falsidade dos dados. O êxito de sua retórica depende fundamentalmente de serem considerados "agentes espontâneos" e "desvinculados de qualquer interesse". Conhecedores dos mecanismos de produção do jornalismo — particularmente de televisão — oferecem, para vender suas idéias, matérias completas e atraentes, recheadas de informações espetaculares, produzidas com esmero e beleza plástica.

b) primárias e secundárias

Fontes primárias são aquelas em que o jornalista se baseia para colher o essencial de uma matéria; fornecem fatos, versões e números. Fontes secundárias são consultadas para a preparação de uma pauta ou a construção das premissas genéricas ou contextos ambientais.

Suponhamos que se quer escrever uma reportagem sobre um assunto específico — por exemplo, o plantio de cafezais nos terrenos montanhosos de uma região, com inclinação superior a 35 graus. As fontes primárias serão, naturalmente, os plantadores e seus agrônomos de campo. Mas, antes de partir para a apuração, será conveniente consultar fontes secundárias, que podem ser funcionários de instituições de pesquisa agropecuária e apoio à agricultura, ou, eventualmente, economistas ou geógrafos. Esse cuidado nos permitirá fazer perguntas mais adequadas e aprofundar o questionamento de respostas não convincentes. Em itens controversos ou que apresentam vários ângulos de abordagem, será bom partir de uma conversa com mais de uma fonte secundária, representando diferentes enfoques da matéria.

Numa segunda hipótese, imaginemos que se vai escrever sobre a descoberta acidental de peças antigas — moedas, cerâmica — numa escavação urbana. A fonte primária são os descobridores, mas o valor da descoberta será mais bem aferido se o depoimento deles for confrontado com a opinião de historiadores ou com documentos do arquivo municipal — ambos atuando como fontes secundárias.

c) *testemunhas* e experts

O testemunho é normalmente colorido pela emotividade e modificado pela perspectiva: pode-se testemunhar uma guerra sem presenciar uma batalha, assistindo a um pedaço de uma (dificilmente se terá acesso ao todo) ou vendo várias; do lado do vencedor ou do vencido; identificando-se com as vítimas ou com os agressores. Haverá diferenças cruciais entre o relato de conflitos na Palestina feitos por um judeu ortodoxo e por um militante muçulmano, por mais honestos que ambos sejam.

De modo geral, o testemunho mais confiável é o mais imediato. Ele se apóia na memória de curto prazo, que é mais fidedigna, embora eventualmente desordenada e confusa; para guardar fatos na memória de longo prazo, a mente os reescreve como narrativa ou exposição, ganhando em consistência o que perde em exatidão factual. Advogados costumam atuar nessa fase: buscando a versão que mais convém a seus clientes, induzem-nos a omitir certos aspectos da realidade e a ressaltar ou imaginar outros.

Um bom princípio — comprovam os estudos de probabilidade — é só confiar inteiramente em histórias contadas por três fontes que não se conhecem nem trocaram informações entre si. Toma-se como verdade, aí, o que é o mínimo comum aos três relatos, separando o que é fato do que é versão ou interpretação. O testemunho singular (o que um viu e outro não) deve ter a fonte citada.

Experts são geralmente fontes secundárias, que se procuram em busca de versões ou interpretações de eventos. Um cuidado preliminar é o de formular, pelo menos no início, perguntas pertinentes — nada incomoda mais um especialista do que questões disparatadas. No entanto, é preciso não abandonar um tema sem que se tenha entendido a explicação; afinal, é difícil escrever sobre algo de que não se tem um modelo mental consistente. Alguns *experts* têm treinamento em didatizar assuntos. É o caso de professores universitários que trabalham com turmas iniciais de graduação, ou de médicos clínicos, acostumados a lidar com pacientes com diferentes formações. No entanto, costumam costurar os fatos em suas próprias convicções, transformando a informação sobre a morte de um personagem em um discurso contra o fumo ou a pergunta sobre fibras óticas numa apaixonada defesa do ensino de ciências no segundo grau.

De toda sorte, é conveniente ouvir mais de um especialista e variar os especialistas que se ouvem — evitando, por exemplo, que a interpretação de matérias sobre direito tributário seja sempre a de um assessor de grandes empresas, do governo ou de um grupo de sindicatos. Um dos truques dos assessores de imprensa para influir na linha editorial dos jornais é indicar *experts* — sempre simpáticos e disponíveis —, que darão a quaisquer fatos a interpretação conveniente à instituição assessorada.

4. O JORNALISTA COMO FONTE

Muitas notícias jamais seriam conhecidas, ou demorariam muito a ser, não fosse a iniciativa das fontes em divulgá-las por algum interesse próprio. Em ordem decrescente de legitimidade, essa motivação pode ser uma obrigação moral de manter informada a sociedade; o desejo de se prestigiar junto ao público e aos veículos de comunicação; a intenção de impedir que o fato se espalhe agregado a uma versão inconveniente (por exemplo, que um acidente numa fábrica seja divulgado pelo sindicato de trabalhadores, com a denúncia de falta de segurança nas instalações); a vontade de denegrir ou desmoralizar um adversário ou concorrente etc.

Do ponto de vista jornalístico, isso importa pouco. Nem mesmo a natureza promocional de uma informação — se ela se refere a algo *espontâneo*, *natural* ou se não passa de um evento programado ou *pseudo-evento* — deve pesar na decisão do *gatekeeper*, isto é, de quem decide pela publicação ou não da matéria. O que ele precisa considerar é se o fato ou acontecimento é notícia, isto é, desperta ou encerra a dose necessária de interesse público. Isso evidentemente dá margem a manobras de relações públicas pelas quais os veículos não se consideram, em absoluto, responsáveis.

Qual, então, o papel de um jornalista em uma assessoria de comunicação? Em que ele se distingue dos colegas que trabalham com o *marketing* ou a publicidade, envolvidos, todos, na tarefa de construção de uma imagem positiva para a empresa ou instituição? A diferença reside na atitude de compromisso que é a essência da nossa profissão.

O jornalista na assessoria, tanto quanto no jornal, é um intermediário. Está onde o leitor, ouvinte ou espectador não pode estar. Tem uma delegação ou representação tácita que o autoriza selecionar e tornar público o que possa ser interessante. Deve conjugar isso com seu compromisso com o empregador: desempenhar a tarefa com inteligência, o que significa gerir conflitos de interesses que sempre cercam a administração da informação.

Assessores de imprensa são jornalistas quando pensam e agem como jornalistas, não como gerentes ou marqueteiros. Na prática, isso significa que devem empenhar-se, no âmbito da organização em que atuam, em valorizar a informação, torná-la instrumento de esclarecimento e avanço da sociedade, confrontar-se com a vocação pelo segredo — que é vício antigo de muitos administradores. Trata-se de impor pelo convencimento um conceito moderno de empresa e instituição — não como entidade do capital ou do poder, mas como espaço de trabalho, onde se desenvolvem tarefas cujo benefício deve ser socializado.

De que maneira compatibilizar essa compreensão com as preocupações de *marketing* e promoção que caracterizam a visão empresarial e política de comunicação? A resposta envolve a questão da ética. A globalização veio com o domínio absoluto do capital sobre o trabalho e a primazia dos negócios sobre todos os demais aspectos da vida humana. Um mundo como esse, em que o imperialismo expressa o interesse dos investidores, apresentado como bem comum, a concorrência não obedece a regras nem o individualismo conhece limites, fica a um passo da barbárie. E tudo que o impede de cair nela é o compromisso ético.

Essa é a razão por que tanto se fala de ética. O público — leitores, espectadores e ouvintes — fica atento às denúncias, porque sabe que os freios à corrupção e à apropriação de recursos do Estado são cada vez mais frágeis. Mas também espera responsabilidade, porque percebe que o clima permissivo favorece a calúnia e a maledicência. E credibilidade torna-se o produto mais caro e difícil de recuperar, para qualquer empresa ou instituição. Eis aí o argumento prático, o risco contábil, em defesa de maior responsabilidade com a informação.

5. Para ler mais

A referência à mentira das fontes oficiais americanas é CHOMSKY e HERMAN, 1988. O modelo de Gerbner é reproduzido a partir de FISKE, 1990. A teoria de Grice sobre a conversação está exposta em GRICE, 1989, e a Teoria dos Modelos em JOHNSON-LAIRD, 1988 e 1983; um bom resumo dela aparece em MOREIRA. A Teoria da Relevância é apresentada em SPERBER & WILSON, 1996. Sobre questões gerais que envolvem o controle de opinião pública, LAGE, 1998. GOMIS, 1991, analisa o papel das fontes interessadas na produção e administração dos fatos noticiáveis.

Entrevistador & entrevistado

A entrevista é o procedimento clássico de apuração de informações em jornalismo. É uma expansão da consulta às fontes, objetivando, geralmente, a coleta de interpretações e a reconstituição de fatos.

A palavra *entrevista* é ambígua. Ela significa:

a) qualquer procedimento de apuração junto a uma fonte capaz do diálogo;
b) uma conversa de duração variável com personagem notável ou portador de conhecimentos ou informações de interesse para o público;
c) a matéria publicada com as informações colhidas em (b).

Os procedimentos de apuração foram discutidos no capítulo que tratou de fontes. Restam, portanto, os itens (b) e (c).

1. Os tipos de entrevistas

Do ponto de vista dos objetivos, as entrevistas podem ser:

a) **ritual** — é geralmente breve. O ponto de interesse está mais centrado na exposição (da voz, da figura) do entrevistado do que no que ele tem a dizer. Entrevistas de jogadores ou técnicos após a vitória ou a derrota, ou de visitantes ilustres, logo após sua chegada, costumam ter essa característica. As declarações ou são irrelevantes, ou esperadas, ou ainda mera formalidade a que, por algum motivo, se atribui dimensão simbólica. O mundo oficial é rico em situações rituais: interessam, aí, o ambiente, o clima, a encenação (cumprimentos, cerimonial, trajes e atitudes), cuidadosamente programados para compor o "documento histórico". Buscam-se desvios e falhas de protocolo, nuanças na fala diplomática (nesse gênero de discurso, palavras como *cordial* e *amistoso* podem ter sentidos muito diferentes). Mas, em geral, frustra-se o esforço para encontrar algo importante no que é declarado.

b) **temática** — aborda um tema, sobre o qual se supõe que o entrevistado tenha condições e autoridade para discorrer. Geralmente consiste na exposição de versões ou interpretações de acontecimentos. Pode servir para ajudar na compreensão de um problema, expor um ponto de vista, reiterar uma linha editorial com o argumento de autoridade (a validação pelo entrevistado) etc.

c) **testemunhal** — trata-se do relato do entrevistado sobre algo de que ele participou ou a que assistiu. A reconstituição do evento é feita, aí, do ponto de vista particular do entrevistado, que, usualmente, acrescenta suas próprias interpretações. Em geral, esse tipo de depoimento não se limita a episódios em que o entrevistado se envolveu diretamente, mas inclui informações a que teve acesso e impressões subjetivas.

d) **em profundidade** — o objetivo da entrevista, aí, não é um tema particular ou um acontecimento específico, mas a figura do entrevistado, a representação de mundo que ele constrói, uma atividade que desenvolve ou um viés de sua maneira de ser, geralmente relacionada com outros aspectos de sua vida. Procura-se construir uma novela ou um ensaio sobre o personagem, a partir de seus próprios depoimentos e impressões.

Quanto às circunstâncias de realização, as entrevistas variam bastante:

a) **ocasional** — é não programada — ou, pelo menos, não combinada previamente. O entrevistado é questionado sobre algum assunto e o resultado pode ser interessante porque, sem se ter preparado e preso ao compromisso de veracidade e relevância de qualquer conversa (as máximas de Grice), dará provavelmente respostas mais *sinceras* ou menos cautelosas do que se houvesse aviso prévio. No entanto, pessoas acostumadas à abordagem para entrevistas desse tipo — como políticos, por exemplo — aproveitam eventualmente a oportunidade para formular declarações maliciosas, muito bem planejadas e que poderão desmentir ou corrigir posteriormente, alegando que foram pegos de surpresa ou mal interpretados.

b) **confronto** — é a entrevista em que o repórter assume o papel de inquisidor, despejando sobre o entrevistado acusações e contra-argumentando, eventualmente com veemência, com base em algum dossiê ou conjunto acusatório. O repórter atua, então, como promotor em um julgamento informal. A tática é comum em jornalismo panfletário, quando se pretende "ouvir o outro lado" sem lhe dar, na verdade, condições razoáveis de expor seus pontos de vista. Dependendo da habilidade retórica do entrevistado e da competência acusatória do repórter, a entrevista pode transformar-se em um espetáculo de constrangimento ou, pelo contrário, em uma peça de redenção; em suma, o repórter ou o entrevistado, o que é mais raro, pode ganhar. Esse efeito será inevitavelmente notado se o receptor da informação tem acesso direto à entrevista — isto é, no rádio ou na televisão ao vivo.

c) **coletiva** — o entrevistado é, aí, submetido a perguntas de vários repórteres, que representam diferentes veículos, em ambiente de maior ou menor formalidade. Entrevistas coletivas são comuns quando há interesse geral por algum (ou alguns) personagem(ns) que acaba(m) de participar ou de assistir a um evento interessante. São também programadas como parte da promoção de espetáculos, eventos culturais ou vendas de produtos que embutem alguma criação ou tecnologia. Altas autoridades, situadas em um centro de decisões, costumam dar entrevistas coletivas periodicamente — diárias, semanais — para fazer um *briefing* (resumo) de sua atividade. Por menos formal que seja o ambiente, a entrevista coletiva tem como principal limitação o bloqueio do diálogo, isto é, da pergunta construída sobre a resposta: há preocupação de distribuir por todos a possibilidade de questionamento e a intervenção de cada repórter resume-se, em geral, a uma, duas ou mais perguntas preparadas previamente. O comando, com freqüência, fica com o entrevistado ou alguém vinculado a ele — e esta é uma das razões da simpatia que as assessorias de imprensa têm por esse gênero de contato com os jornalistas.

d) **dialogal** — é a entrevista por excelência. Marcada com antecipação, reúne entrevistado e entrevistador em ambiente controlado — sentados, em geral, e, de preferência, sem a interveniência de um aparato (como uma mesa de escritório) capaz de estabelecer hierarquia (quem se senta diante das gavetas da mesa assume, de certa forma, posição de mando). Entrevistador e entrevistado constroem o tom de sua conversa, que evolui a partir de questões propostas pelo primeiro, mas não se limitam a esses tópicos: permite-se o aprofundamento e detalhamento dos pontos abordados.

A entrevista individual é chamada propriamente de exclusiva quando o entrevistado a concede ao veículo, e não a qualquer outro; impropriamente, quando a iniciativa parte do veículo, não havendo outro interessado ou que tenha tido a mesma idéia. A expressão "entrevista exclusiva" tem valor de *marketing*: embora toda entrevista individual seja exclusiva (dificilmente alguém repete exatamente as mesmas formulações em duas conversas diferentes), valoriza o eventual *esforço de reportagem* e o conteúdo inédito das declarações obtidas.

2. Entrevistas em presença e mediadas

Desde que se inventou o telefone, admitiu-se a possibilidade de realizar entrevistas à distância — e logo se constatou que o resultado não era o mesmo. O telefone é um meio muito útil para a apuração de informações, mas suprime algumas condições facilitadoras da entrevista, tais como o ambiente controlado e a presença do outro.

A questão se atualiza, agora, com a Internet. No caso da troca de e-*mail*s, ou *chats*, via teclado do computador, o resultado depende em parte da destreza do entrevistado na digitação. Se é muito ágil, a conversa pode correr quase normalmente, e as respostas serão mais espontâneas. Se é pouco ágil — e é grande o número de pessoas que perdem a espontaneidade quando escrevem —, as respostas tenderão a ser formais, mais ou menos como aquelas que se obtêm para um questionário escrito.

A tecnologia mais recente permite a conversa oral e a presença da imagem do interlocutor na tela do computador — mais ou menos como acontece nos *links* de televisão. Ainda assim, a espontaneidade é menor do que nos encontros face a face. Por quê?

A resposta remete à complexidade dos fatores envolvidos em uma conversa. O resultado do encontro entre duas pessoas depende bastante da avaliação que uma faz da maneira como a outra está recebendo suas mensagens. A proximidade física permite uma aferição de resposta — um *feedback* — rápida, visual e auditiva, corriqueira, a que nos acostumamos desde pequenos e que nos dá maior segurança. Os modelos de comunicação valorizam o efeito do ambiente partilhado pelos interlocutores e a que, numa conversa à distância, eles têm acesso parcial — limitado, no caso do computador, pela proximidade da câmara e sua imobilidade. Acresce o "efeito de novidade" — o inusitado que, ainda por algum tempo, cercará esses processos.

Uma entrevista conduzida corretamente é precedida de troca de cumprimentos e de palavras sobre qualquer assunto — provavelmente sobre a entrevista mesma —, que tem função fática, isto é, objetiva estabelecer o contato nos termos pretendidos. No caso de conversas em estúdio, ou diante de microfones ou câmaras e refletores de televisão, permite também ambientar o entrevistado; há os que se intimidam diante desses equipamentos ou até mesmo de um gravador de áudio portátil. É, por isso — e também porque equipamentos enguiçam —, conveniente que o repórter seja treinado para reconstituir a entrevista com base em palavras-chaves que anota, indicando os temas principais na seqüência em que ocorreram; isso geralmente basta para, passado um período de tempo curto (utilizando ainda a memória de curto/médio prazo), reproduzir com bastante fidelidade discursos não muito extensos ou complicados.

O repórter faz antes uma pesquisa e tem, portanto, idéia do que vai perguntar. No entanto, é engano imaginar que a preparação prévia de um questionário viabiliza uma boa entrevista: ela depende muito da maneira como é conduzida. Uma das chaves é saber perguntar sobre a resposta. Em geral, as pessoas discorrem com fluência sobre aquilo que conhecem. Relutâncias inesperadas cortando o fluxo de uma exposição, silêncios, denominações vagas, particularmente quando coincidem com desvios de olhar e certos movimentos das mãos, indicam que se tangenciam questões sensíveis, por algum motivo. Pode não ser conveniente, por exemplo, diante de uma resposta como "foram... vários os agressores", perguntar, de imediato, "quantos eram?", mas fica-se sabendo que há um problema aí, porque, muito provavelmente, o entrevistado terá como especificar melhor a informação.

Outra chave é manter o comando da conversa, impedindo que ela se desvie do tema, seja por digressões do entrevistado, seja pela discussão da validade ou oportunidade da entrevista mesma. A melhor estratégia, quando isso acontece, é apresentar nova pergunta, mudando o assunto, para retornar posteriormente ao ponto problemático. Não se deve questionar mais do que o necessário nem insistir em linhas de questionamento que se constatam improdutivas.

Numa entrevista, a estrela é o entrevistado. Por mais conhecido ou vaidoso que seja o repórter, espera-se dele discrição, como coadjuvante e, ao mesmo tempo, diretor de cena — é essa a conduta profissional. A atitude de compreensão e respeito deve marcar a atividade do repórter, com a preocupação de não evidenciar reações como impaciência, discordância ou simpatia entusiasmada. Entrevistados podem ser malcriados ou tentar intimidar o repórter; este não deve irritar-se nem deixar-se intimidar.

Entrevistas podem ter tempo marcado ou não, mas há um momento certo para encerrá-las. Como observa Gordon Pask, um dos teóricos modernos da conversação humana, toda conversa parte de um desacordo, ou bifurcação: os conceitos e idéias vão sendo esclarecidos em seu curso e, quando esse processo chega ao fim, isto é, quando há consenso — não quanto ao assunto, mas quanto ao que o interlocutor está dizendo —, é hora de parar. Essa é uma dificuldade suplementar nas entrevistas transmitidas ao vivo no rádio ou televisão: podem esgotar o assunto antes do término previsto, ou deixar a nítida impressão de que faltou alguma coisa.

As pessoas, também observa Pask, têm duas possibilidades de expor uma idéia ou narrar uma história e, em geral, tendem a optar sistematicamente por uma delas: ou são *holísticos* (consideram o todo e daí partem para analisar algum ponto) ou *detalhistas*, que agem analiticamente, item por item. No primeiro caso, pode-se ter um relato muito geral ou interpretativo; no segundo, uma seqüência tediosa de detalhes insignificantes. O problema pode ser contornado, até certo ponto, por intervenções de correção de rumo, em que se pede ao detalhista uma abordagem mais geral ou ao generalista que especifique algum aspecto.

Pask (1975) desenvolveu uma teoria cibernética sobre a conversação humana. Seu ponto de partida é a ênfase na natureza pessoal da realidade: propõe um processo de apreensão do mundo a partir do acordo entre atores que interagem em determinado ambiente — no nosso caso, o da entrevista. Em sua concepção, vida e inteligência repousam de alguma forma no conflito entre construção peculiar e fechada (individual e material) e interação aberta e partilhada (social e conceitual).

O autor sugere que se abandone o conceito clássico do aprendizado como mapeamento do mundo real em categorias mentais, substituindo-o por um processo dinâmico e interno de auto-organização do conhecimento, determinado pela interação com o meio e com outros indivíduos. Transpõe, portanto, uma visão construtivista para o universo da interação entre os homens (e dos homens com os computadores), procurando estabelecer a simbiose — cooperação íntima em benefício mútuo — para o mais amplo entendimento.

De modo geral, é estimulante para o entrevistado, nos momentos em que a fala se interrompe, perceber que o entrevistador está compreendendo o enunciado. Para isso, produzem-se questionamentos que constituem, na verdade, inferências imediatas a partir do que acabou de ser dito. Se o entrevistado declarou que a economia vai bem, uma observação óbvia, tal como "o senhor é então otimista quanto aos acontecimentos do futuro próximo" vale não por seu conteúdo, mas pela demonstração de interesse e entendimento. Dependendo, no entanto, das circunstâncias, pode ser conveniente apresentar um dado de contestação, no momento adequado, para obter maior espontaneidade, expansão ou aprofundamento.

Alguns entrevistados — professores e intelectuais — têm discurso pronto, mais ou menos padronizado, que desenvolvem com fluência; seriam capazes de ditá-lo, se o repórter deixasse. Outros — principalmente políticos e militantes de causas políticas ou sociais —, conhecendo os métodos de edição em rádio e TV, procuram encadear palavras e sentenças, de modo a dificultar o corte; pretendendo prolongar sua intervenção, cuidam de não dizer algo que sirva como deixa para o editor. Homens de negócios, treinados por assessorias de comunicação, condensam, pelo contrário, as declarações em frases de efeito, objetivando aproveitamento mais incisivo no veículo; estão preparados para a edição e dela cuidam de tirar o melhor proveito.

Há dois aspectos numa entrevista que devem ser considerados. O primeiro é certamente o conteúdo; o segundo, a personalidade (simpática ou antipática) do entrevistado. Não é função do repórter interferir nesse segundo aspecto, suprimindo, na edição, pontos marcantes em um outro sentido. É preciso transmitir ao espectador ou leitor o que a entrevista foi (ou é), não uma versão censurada, da qual se retiraram arestas.

Uma questão controversa é o conteúdo emocional de uma entrevista. Baseados na tradição do jornalismo impresso (em que a emoção numa entrevista é, em regra, suprimida ou mostrada de maneira muito sutil), repórteres de rádio e, principalmente, de televisão costumavam ou costumam suprimir na edição demonstrações tais como a voz esganiçada, a testa franzida, o soluço e as lágrimas de um entrevistado. No entanto, tais momentos podem ser os mais significativos e importantes.

Um documentário clássico — *Corações e mentes* (*Hearts and minds*), de 1974, sobre a guerra do Vietnã — recuperou tomadas de reportagem e, principalmente, seqüências suprimidas na cobertura diária (usava-se, naquela época, filme cinematográfico positivo — *autoreverse* — em câmaras portáteis chamadas de CP): nessas seqüências, líderes políticos engasgam, soldados choram, xingam, esbravejam. O diretor, Peter Davis, conseguiu, com isso (e com o uso exemplar de técnicas de edição), transmitir um relato humano do conflito, em lugar da frieza ou do discurso heróico dos noticiários.

3. Apresentação da entrevista

Do ponto de vista da apresentação, a entrevista varia, evidentemente, conforme o veículo:

A. **No jornalismo impresso**: A entrevista pode ser tratada como notícia. Neste caso, o procedimento é o mesmo de quando se faz o resumo noticioso de um documento: selecionam-se as proposições mais relevantes dentre aquelas das respostas, ordenam-se da mais relevante para a menos relevante e transcrevem-se nessa ordem, intercalando as informações ambientais (quem, que, quando, onde, por que, para que, circunstâncias eventuais) e procurando alternar discurso direto e indireto. Podem-se substituir palavras e expressões, desde que não estejam entre aspas, mantendo o sentido da fala do entrevistado. O *lead* da entrevista (primeiro parágrafo de uma notícia em jornalismo impresso) será, evidentemente, a proposição julgada mais relevante.

Outra forma de tratamento aproxima-se mais do texto de revistas e suplementos. A entrevista é, aí, tomada como ponto de partida para uma exposição — um perfil, por exemplo —, em que sentenças que expressam proposições mais gerais ou tópicos frasais (tais como "a situação agravou-se no início do ano") presidem (geralmente antecedem) outras mais específicas (tais como a relação dos sintomas de agravamento da situação). As declarações do entrevistado, em si, costumam entrar aí como documentações de afirmações genéricas que o próprio repórter faz, a partir delas. Assim, uma narrativa sobre as dificuldades que o entrevistado teve em obter um visto de permanência no Brasil pode ser precedida da frase-tópico "a burocracia quase impediu os brasileiros de conviver com fulano [o entrevistado]". A abertura, como num artigo, pode ser um relato circunstancial, um resumo biográfico ou histórico, um questionamento. A ausência de fórmula implica maior dificuldade de redação e necessidade de muitas informações complementares.

Uma terceira maneira de apresentar a entrevista é em perguntas e respostas. Pode parecer a mais fácil e a mais fidedigna, mas isso é ilusão. Em primeiro lugar, a entrevista deve ser transcrita — de uma fita de áudio, por exemplo, ou, mais raramente (em geral são depoimentos longos), de registros da memória — e isto já é um trabalho maçante. Depois, cuida-se de traduzir a fala para o texto escrito, o que envolve a supressão de redundâncias, repetições, e a explicação de pausas do discurso que só têm sentido no contexto, quando se combinam, por exemplo, com expressões faciais. Quanto menos adaptado for o texto, mais espontâneo ele parecerá — e também mais ambíguo e tortuoso para a leitura.

B. **Em rádio**: A entrevista de rádio pode ser ocasional ou produzida, gravada ou ao vivo. É recomendável produzir — isto é, prever o instante, escolher o ambiente, pesquisar o tema —, sempre que possível. Planejar não significa, porém, ensaiar a entrevista antes de levá-la ao ar, ou dar conhecimento prévio ao entrevistado do que lhe vai ser exatamente perguntado. Caso isso aconteça, corre-se o risco de toda a conversa parecer ao ouvinte um arranjo publicitário ou um conluio político.

A entrevista ocasional ou espontânea, ao vivo, é uma caixinha de surpresas; recomenda-se para temas específicos e em momentos oportunos, diante de entrevistados (fontes profissionais, por exemplo) que certamente terão a resposta e quando a parte técnica for altamente confiável. A gravação é sempre um dispositivo de segurança, já que trechos podem ser suprimidos, editados ou regravados.

Entrevistas temáticas e rituais funcionam geralmente bem pelo telefone, o que acontece menos com entrevistas testemunhais e não é absolutamente recomendável em entrevistas dialogais ou em profundidade. Em todo caso, o entrevistado deve sentir-se à vontade e o entrevistador explicar ou pedir explicações sobre enunciados muito técnicos ou especializados que aflorem na conversa: trata-se de colocá-la ao alcance do público. No rádio moderno, o tom coloquial é sempre o mais indicado. Além de seu desempenho jornalístico —

questionando e controlando a situação —, cabe ao entrevistador zelar pela qualidade do som, fiscalizando a colocação do microfone e as interferências do ruído ambiente.

O *talk show*, quer tenha a forma de mesa-redonda ou conversa em estúdio, depende essencialmente da personalidade e fluência do entrevistado. Pode-se melhorar sua qualidade ampliando a produção, isto é, munindo o entrevistador de conhecimentos tais que lhe permitam questionar melhor, evitar digressões e conduzir a conversa para aspectos que ele imagina interessem a seu público.

Entrevistas podem ser editadas como documentação de notícias, utilizando-se trechos gravados como ilustração ou complemento. Podem ainda constituir blocos com perguntas e respostas; dentre estas, talvez a mais comum seja aquela em que o entrevistado é um especialista, que comenta acontecimentos, oferecendo versões e interpretações.

C. **Em televisão**: Tal como no rádio, a entrevista em televisão pode ser ocasional e ao vivo, com todos os riscos e restrições; ocasional e gravada, documentando notícias e reportagens; produzida ao vivo e produzida em gravação. A novidade é a presença da imagem do entrevistado, o que o expõe bem mais, dada a importância da visão no processo de percepção de mensagens e atribuição de intenções.

Mais do que em qualquer outro veículo, a entrevista televisiva devassa a intimidade do entrevistado, a partir de dados como sua roupa, seus gestos, seu olhar, a expressão facial e o ambiente. A produção, nos *talk shows* televisivos, é geralmente mais cuidada e o entrevistador, violando um dos preceitos básicos da entrevista jornalística, pode tornar-se a estrela do programa, com todo prejuízo que isso traz para a informação — não necessariamente para o espetáculo.

4. Para ler mais

Há vasta literatura sobre entrevista em ciências sociais, aplicável, em parte, ao jornalismo; cito GARRETT, 1974. Sobre a Teoria da Conversação de Pask, PASK, 1975, e, numa abordagem mais recente (envolvendo Lógica Difusa e a Teoria dos Protótipos), ROCHA, 1998.

Repórteres & ética

Ética é o estudo dos juízos de valor (bem/mal) aplicáveis à conduta humana, no todo ou em um campo específico. Moral é o conjunto das regras de conduta consideradas eticamente válidas. Deontologia é o tratado dos deveres morais das pessoas, além de ser o estudo dos princípios e sistemas de moral. Os códigos de ética são, mais exatamente, códigos deontológicos.

Jornalistas, em quase todos os países, têm seus códigos de ética, que se parecem. No entanto, o quanto bastam na prática? É discussão que envolve muitas outras questões.

1. Ética e filosofia

A primeira questão, no âmbito da filosofia, é que os sistemas morais são concebidos à maneira dos sistemas físicos, nos quais há coisas certas ou inevitáveis e coisas possíveis. Em lugar de *certo* ou *inevitá-*

vel põe-se *obrigatório* e, em lugar de *possível*, põe-se *permitido*. No entanto, ao contrário da natureza, onde o impossível não acontece, nos sistemas morais o que não é permitido freqüentemente ocorre.

Assim, se é muito positivo que existam princípios universais de conduta aplicáveis a todos os homens (ou a todos os jornalistas) e consensualmente aceitos pelas sociedades (ou pelas entidades de jornalistas), é muito negativo que se possam transgredir esses princípios, que isso ocorra tão freqüentemente e que, portanto, eles permaneçam, século após século, no universo dos desejos ou das intenções.

A segunda questão é que as leis costumam validar-se por seu conteúdo ético e, portanto, ética e legislação deveriam confundir-se. No entanto, legislações refletem estados reais das sociedades, com sua distribuição desigual de poder e riqueza, de modo que podem conter, permitir ou, mesmo, obrigar os cidadãos a violar princípios morais. Enquanto a instância decisiva da ética é a consciência individual, a instância decisiva da lei é uma polícia possivelmente corrupta ou fanática e uma justiça possivelmente inepta ou formalista.

Será essa uma interpretação muito radical ou rigorosa? A História assegura que não, desde Hipácia, discípula de Pitágoras que, por ordem de seu sábio mestre, teve a carne esfolada dos ossos com ostras e os braços e pernas atirados ao fogo no século IV a.C., até Cristo, Galileu e as muitas vítimas dos tribunais da Inquisição. Todos foram condenados por quem podia fazê-lo, cumprindo diplomas legais em vigor no seu tempo, que não difere do nosso em matéria de injustiças.

No caso dos jornalistas, a obediência a compromissos éticos tem resultado com freqüência em redações empasteladas e profissionais assassinados, sem contar carreiras brilhantes interrompidas e a infinidade de casos de sofrimento pessoal, desmoralização e prejuízos financeiros. Não faltam à profissão heróis e mártires.

Um terceiro aspecto relevante é o que relativiza os próprios códigos. A ética, por seu conteúdo instável e complexo, não pode se integralmente generalizada em mandamentos. Assim, se é reconhecido (não tanto pelas leis, mas pela consciência do ofício) o direito de o jornalista manter sigilo sobre suas fontes, isso se aplica a muitos casos, mas não a todos, e o discernimento de a quais casos se aplica envolve a consideração específica de razões e conseqüências. O mesmo se pode dizer da interdição ao uso de gravadores de som ou câmaras ocultos, da alegação de falsa identidade, da revelação de segredos (de Estado, de atividades como as dos prestidigitadores e agentes de segurança), da identificação de vítimas ou acusados de delitos infames, da exposição de práticas violentas (em coberturas de polícia ou matadouros de animais) ou de situações de extrema degradação ou sofrimento (por exemplo, em enfermarias de pacientes terminais).

Situações como essas, em que os fins podem justificar os meios e a intenção confronta-se com resultados, dão margem a muita retórica e a poucas certezas.

2. O Código de Ética

O Código de Ética dos Jornalistas Brasileiros, aprovado em congresso da categoria, tem 27 artigos e pode ser consultado nos sítios da Internet da Federação Nacional de Jornalistas e de vários sindicatos. Os artigos 6º a 17 tratam da conduta e das responsabilidades profissionais do jornalista:

Art. 6º — O exercício da profissão de jornalista é uma atividade de natureza social, e de finalidade pública, subordinado ao presente Código de Ética.

Art. 7º — O compromisso fundamental do jornalista é com a verdade dos fatos, e seu trabalho se pauta pela precisa apuração dos acontecimentos e sua correta divulgação.

Art. 8º — Sempre que considerar correto e necessário, o jornalista resguardará a origem e identidade das suas fontes de informação.

Art. 9º — É dever do jornalista:
   a) Divulgar todos os fatos que sejam de interesse público.
   b) Lutar pela liberdade de pensamento e expressão.
   c) Defender o livre exercício da profissão.
   d) Valorizar, honrar e dignificar a profissão.
   e) Opor-se ao arbítrio, ao autoritarismo e à opressão, bem como defender os princípios expressos na Declaração Universal dos Direitos do Homem.
   f) Combater e denunciar todas as formas de corrupção, em especial quando exercida com o objetivo de controlar a informação.

g) Respeitar o direito à privacidade do cidadão.
h) Prestigiar as entidades representativas e democráticas da categoria.

Art. 10 — O jornalista não pode:
a) Aceitar oferta de trabalho remunerado em desacordo com o piso salarial da categoria ou com a tabela fixada por sua entidade de classe.
b) Submeter-se a diretrizes contrárias à divulgação correta da informação.
c) Frustrar a manifestação de opiniões divergentes ou impedir o livre debate.
d) Concordar com a prática de perseguição ou discriminação por motivos sociais, políticos, religiosos, raciais ou de sexo. Exercer cobertura jornalística pelo órgão em que trabalha, em instituições públicas, onde seja funcionário, assessor ou empregado.

Art. 11 — O jornalista é responsável por toda informação que divulga, desde que seu trabalho não tenha sido alterado por terceiros.

Art. 12 — Em todos os seus direitos e responsabilidades, o jornalista terá apoio e respaldo das entidades representativas da categoria.

Art. 13 — O jornalista deve evitar a divulgação de fatos:
a) Com interesse de favorecimento pessoal ou vantagens econômicas.
b) De caráter mórbido e contrários aos valores humanos.

Art. 14 — O jornalista deve:
   a) Ouvir sempre, antes da divulgação dos fatos, todas as pessoas objeto de acusações não comprovadas, feitas por terceiros e não suficientemente demonstradas ou verificadas.
   b) Tratar com respeito todas as pessoas mencionadas nas informações que divulgar.

Art. 15 — O jornalista deve permitir o direito de resposta às pessoas envolvidas ou mencionadas na matéria, quando ficar demonstrada a existência de equívocos ou incorreções.

Art. 16 — O jornalista deve pugnar pelo exercício da soberania nacional, em seus aspectos político, econômico e social, e pela prevalência da vontade da maioria da sociedade, respeitados os direitos das minorias.

Art. 17 — O jornalista deve preservar a língua e a cultura nacionais.

3. A ÉTICA DA RELAÇÃO COM AS FONTES

O público tem o direito de ser informado e isso é regra para os jornalistas, não para muitos de seus interlocutores, ainda que liberais. É também a base de qualquer ética aceitável pelos jornalistas. No entanto, o que se informa ao público é o que é de seu interesse real, nem sempre o de sua curiosidade. E isso envolve conflitos com a orientação pelo *marketing* de resultados de muitas empresas jornalísticas. Matérias econômicas ou sobre política (nacional ou de países estrangeiros) podem, em certas circunstâncias, ser pouco atraentes e, no entanto, influir, de imediato ou no futuro, na vida e na produção de juízos de valor pelas pessoas, tornando-se, portanto, de divulgação eticamente obrigatória. Por outro lado, moças podem ter extrema curiosidade pela vida amorosa do galã da novela e gastrônomos pela fórmula de um suflê prodigioso, atração principal de um restaurante — mas isso não valida a violação da intimidade do artista (se é que ele a preserva) ou da mágica secreta do chefe de cozinha, de que depende sua confortável sobrevivência.

As relações entre jornalistas e fontes são as mais citadas quando se trata da ética do jornalismo. Isso decorre naturalmente do fato de que, no percurso da informação das fontes até o público, é este — o público — o mais indefeso. Fontes institucionais, pelo contrário, costumam ser poderosas: segundo estatísticas americanas, elas respondem por 60% de tudo que é publicado.

A relação com as fontes deve ser cordial e correta. Trata-se inegavelmente de uma troca, mas o que deve ser trocado é sempre informação, nada mais. Nem o repórter se transformará em agente da fonte nem o contrário.

O direito fundamental da fonte é o de ter mantido o conteúdo (não a forma) do que revela. Isto significa não apenas o respeito ao valor semântico do que é informado, mas também às inferências que resultam da comparação entre o que foi informado e o contexto da informação.

Fontes não devem, no entanto, negar que tenham dito o que

efetivamente disseram ou impedir que uma informação prestada seja confrontada com outras, de qualquer origem, desmentida pelos fatos ou considerada em contextos de conflito. Caso contrário, não haveria mais jornalismo, e sim, apenas, sistemas de difusão sem qualquer possibilidade crítica.

Muitos dos problemas éticos levantados na relação com as fontes referem-se à distinção entre o que é público e o que é privado. Como acontece em geral com os conceitos, a noção de *público* e de *privado* reporta-se a situações típicas: desacordos em família ou conflitos entre chefe e funcionário em uma repartição são assuntos privados; tudo o que afeta a coletividade, atinge-a em termos de custos e qualidade de produtos ou serviços, condições ambientais e de vida, saúde, educação, planejamento de futuro etc. é público.

No entanto, na fronteira entre esses conceitos, há situações ambíguas: se a briga em família ou a desavença entre funcionários prejudica o desempenho de uma atividade de interesse público, deve ser mencionada? Pessoas de imagem pública, como políticos, princesas e atletas, têm menos direito à vida privada do que as demais?

Perguntas assim só podem ser respondidas diante dos parâmetros de uma cultura, em contextos particulares. Devassar a vida da família real é costume da imprensa inglesa, mas não da imprensa japonesa. Muitos divulgadores utilizam a vida privada de artistas como recurso para obter espaços nos jornais; torna-se difícil, então, impedir que alguma coisa se divulgue, se as demais são devassadas.

Há um conceito típico — protótipo — para cada denominação: *criança*, *jovem*, *pobre*, *miserável* etc.; no entanto, pessoas de 14 anos ou 15 anos são *crianças* ou *jovens*? Assalariados que percebem o salário mínimo brasileiro são *pobres* ou *miseráveis*? Pessoas que bancam o jogo do bicho são *criminosos* (como se diz hoje) ou *contraventores* (como se disse sempre)? Qual a diferença entre *erotismo* e *pornografia*, e em que contextos um e a outra são pertinentes ou toleráveis? Prostitutas são *transgressoras da lei* (como a legislação americana e a polícia da maior parte do mundo as consideram) ou *vítimas sociais* (como ainda as define a legislação brasileira, com base na tradição humanística européia)?

O que acontece com celebridades e personagens-tipo chama a atenção não apenas dos jornalistas, mas de qualquer pessoa. Se um homem caminha bêbado pela calçada, não merecerá mais que um olhar; se é um político ou um cantor popular, não faltará quem registre o fato e saia comentando. Fiscaliza-se a moralidade dos *hippies*, dos jogadores de futebol bem-sucedidos, dos *punks* e dos homossexuais. Divórcios, adultérios, brigas por heranças — tudo aquilo que é do universo privado — tendem a tornar-se públicos quando os envolvidos são pessoas notáveis ou ocupam espaços de exclusão.

O controle desse tipo de informação no nível das redações de jornal é complicado. Atuam fatores como o ódio político, o desejo de promoção a qualquer custo ou as campanhas — que se vêm tornando comuns ultimamente — para criminalizar comportamentos de difícil tipificação. O namoro entre o(a) chefe e o(a) subordinado(a), particularmente quando não dá certo, pode ser apresentado como *assédio sexual* e uma briga de casal — rolo de pastel contra bofetão, ainda quando o rapaz é fraco e a moça forte, caso em que o rolo de pastel pode levar a melhor —, rotular-se como *violência contra a mulher*. Se o assunto está na ordem do dia, é provável que um episódio desse tipo se torne público.

Em princípio, todos têm o direito de preservar sua vida privada, salvo em situações especiais, e têm a obrigação de tornar transparente sua vida pública, salvo em situações especiais. No entanto, o respeito a esse direito e a essa obrigação não deve limitar-se aos jornalistas, mas estender-se a outras instituições, como o judiciário, a polícia ou o parlamento. Deve ser obrigação ética dos advogados, que, no entanto, costumam recorrer à publicidade em casos como pensões de alimentos ou disputas pela guarda dos filhos em separações judiciais. Nesses casos, a existência de instrumentos de divulgação de acesso a particulares, como a Internet, facilita a quebra de sigilo.

A investigação das relações entre o presidente Clinton e uma estagiária, nos Estados Unidos, é um exemplo de como esse gênero de alcovitice pode se estender à Justiça e ao legislativo, desdobrando-se numa ação pública tão importante quanto um processo de *impeachment* — e, aí, é impossível acusar a imprensa pela distorção.

Um bom mandamento de ética geral aplicável também aos jornalistas é praticar a crítica dos próprios preconceitos. Isto significa que, ainda que seu avô tenha sofrido por anos e anos da doença de Alzheimer, nem todos os velhos devem ser tratados como crianças e, por mais infeliz que tenha sido sua relação com o namorado calvo, não é verdade que os homens carecas sejam hipócritas e infiéis.

4. Entre informar e não informar

Uma linha de problemas éticos que se apresenta em geral a partir de exemplos dramáticos é a que envolve a divulgação de informações sobre um processo em curso, de modo a alterar o próprio processo. Não há dúvida de que a restrição é legítima quando se trata de um seqüestro, por exemplo, em que as investigações policiais devem necessariamente ser mantidas em segredo. O mesmo se pode dizer de informações financeiras que vulnerabilizem momentaneamente instituições, sob outros aspectos, sólidas.

Há, no entanto, limite para isso. Um caso clássico é contado por William Dwight, que foi editor de um jornal em Holoyoke, Massachusetts, e ocupou o cargo de diretor da Associação Americana de Editores (*Publishers*) de Jornais. Em março de 1930, alguns meses depois do craque de 1929 na Bolsa de Nova York, ele soube que um desfalque deixara o banco local à beira da falência. Os diretores do banco lhe pediram que não noticiasse, para evitar uma corrida de depositantes, agravando a situação das pessoas, já atingidas pela crise econômica. Disseram que poderiam reerguer o banco e, diante dos apelos, Dwight nada noticiou. Quinze dias depois, o banco falia. Os grandes depositantes haviam retirado seu dinheiro; os pequenos clientes, leitores do jornal de Dwight, não. "Nunca pude me perdoar inteiramente por não ter publicado o que sabia a tempo de impedir que alguns privilegiados se aproveitassem da situação", escreveu ele.

Deve-se considerar que a informação pública não é apenas uma questão dos jornalistas, mas também de suas fontes, particularmente as institucionais. No caso famoso da Escola Base, ocorrido em São Paulo em 1994, em que um casal de descendentes de japoneses e seus principais auxiliares foram perseguidos pelo ódio popular a partir da falsa acusação de que teriam estuprado uma criança, toda a culpa foi atirada sobre a imprensa, que a assumiu. No entanto, os jornais e emissoras de televisão partiram para o estardalhaço (certamente exagerado, se considerarmos programas como *Aqui e Agora*, do SBT, e jornais como *Notícias Populares*) depois que o delegado de polícia incumbido de investigar o caso disse que dispunha de laudo criminal inculpando os donos do jardim de infância. O laudo existia (estava contido no boletim de ocorrências 1.827, de 28 de março de 1994, emitido pelo Setor de Sexologia do Instituto Médico Legal de São Paulo), não era conclusivo, mas o policial não foi punido — pelo menos, em tempo razoável.

O estardalhaço explicou-se não apenas pelo acontecimento em si — por brutal que ele teria sido, se tivesse ocorrido —, mas pela circunstância de que, na época, promovia-se uma campanha contra o *abuso de menores*. Nunca é demais lembrar que esse tipo de campanha, promovida por organizações não-governamentais e órgãos públicos, desperta clima de pânico que conduz freqüentemente a injustiças. Jornalistas (também policiais, médicos e, com mais razão, juízes) devem prevenir-se da excitação que acompanha as ondas de denúncias, tratem elas de subversivos, de devassos ou de fanáticos religiosos.

Aconselha-se aos jornalistas — tanto repórteres policiais quanto cronistas políticos e analistas econômicos — o ceticismo quanto ao valor ético de decisões institucionais, ainda quando cobertas de legalidade. Na pior hipótese, isso os tornará mais sábios. Da mesma forma que é melhor escrever que Jesus Cristo foi condenado por se opor ao poder romano (e não que ele se opôs ao poder romano), e que Sacco e Vanzetti foram condenados pela morte de um policial durante uma greve que supostamente lideraram em Chicago (e não que lideraram a greve ou mataram o policial), sentenças, ainda que passadas em julgado, devem sempre ser citadas. Quem as ditou que assuma seus erros.

Ainda assim, instituições devem ser respeitadas. Com todos os defeitos que a Justiça tenha, ela é muitas vezes a única esperança do cidadão. A polícia é que nos protege dos criminosos — pelo menos, dos pequenos. As forças armadas, aquilo com que se conta na instância trágica da guerra. E por aí em diante. Seria um absurdo negar a essas instituições o mesmo respeito que nos merece a cidadania.

Supostos desafios éticos fundamentam-se na tese radical de que a divulgação de um procedimento é capaz de induzir pessoas a reproduzi-lo. Por esse critério, não se divulgariam suicídios, para evitar que as pessoas, por imitação, se suicidassem, nem roubos ardilosos, para impedir que o ardil fosse reproduzido. Levado às últimas (mas necessárias) conseqüências, tal critério impediria a divulgação de todas as notícias negativas, construindo na imprensa um mundo maravilhoso, de comportamentos corretos e éticos — só que, lamentavelmente, imaginário.

Finalmente, é comum jornalistas serem pressionados a omitir

informações em nome de interesses grandiosos — preservar uma personalidade em torno da qual se arregimentam políticas adequadas, entidades em que repousam as esperanças de comunidades etc. A situação pode ser constrangedora, mas jornalistas devem sempre considerar que, se existe algo progressista no mundo, positivo em termos históricos, esse algo é a verdade. Sua omissão ajuda a frustrar as boas políticas e a produzir, a longo prazo, desesperança, por menos que pareça, de imediato, que seja o caso.

5. De quem é o compromisso ético

Um problema comum hoje — inicialmente jurídico — é quanto à responsabilidade pelo trabalho dos jornalistas. A partir da globalização (que, em nosso caso, é uma americanização), tem-se procurado impor a punição financeira — em termos judiciais, a primazia do processo civil — em detrimento da punição criminal. Em decorrência, os supostos crimes de imprensa passam a ser cobrados principalmente das empresas, menos dos jornalistas pessoas físicas, que geralmente não teriam mesmo como pagar as vultosas indenizações pleiteadas.

Trata-se de um tipo de procedimento judicial que tem graves conseqüências na sociedade. Um de seus resultados, como se constata nos Estados Unidos, é tornar a medicina e similares serviços caríssimos, onerados pelas apólices de seguro que os profissionais têm que contratar para livrar-se dos processos por supostos erros. Outra é institucionalizar, além da realidade, a relação de emprego. No caso dos jornalistas, se é a empresa quem paga por supostos erros de informação, que sentido têm os códigos de ética dos jornalistas empregados? Ou qual a lógica de se lutar pela informação ética em uma empresa? Pode-se confundir notícia com negócio? De que autonomia dispomos, em nosso trabalho, dentro das empresas? O quanto valem nossas técnicas, nosso conhecimento, nossa individualidade? Somos, afinal, irresponsáveis, meros agentes do empregador, que pagará por nossos erros?

É claro que jornalistas não podem ser éticos sozinhos — se, por exemplo, as empresas e as fontes de informação não o são. A partir de uma abordagem antropológica — devida a Durkheim, para quem "cada consciência vê as regras morais sob uma luz particular" —, é possível imaginar que a ética do jornalista seja a ética que lhe convém, isto é, a ética do patrão ou da fonte, o que significa, eventualmente, nenhuma ética. Se, tomando como referência Karl Marx, a ética é superestrutura de relações essencialmente econômicas, a ética dominante atual é a do capitalismo extremado, o que também significa, eventualmente, nenhuma ética.

No entanto, as coisas não se passam exatamente assim. A prática histórica é um processo caótico (o que não quer dizer desordenado, mas de muitas ordens superpostas) e, neste caos, cada um de nós cuida de validar seus próprios juízos éticos.

Há grandes violações éticas, atribuídas justamente às empresas, e que, por estarem elas inseridas em um sistema de poder, jamais são punidas. A fraude eleitoral da Proconsult, nas eleições para o Governo do Estado do Rio de Janeiro, em 1982, apoiada nos noticiários da Rede Globo; a edição desonesta, na mesma emissora, do debate eleitoral entre Lula e Collor, candidatos à Presidência da República do Brasil, em 1990; a absoluta prioridade dada pelos noticiários da Televisa à campanha dos candidatos do partido do governo nas eleições de 1987 no México, acompanhada de elogios de encomenda; a cobertura tendenciosa da rebelião de Chiapas, em sua fase inicial, no mesmo país; fatos como esses repetem-se por toda a América Latina, governada por oligarquias associadas ao capital (principalmente externo) e que controlam os principais meios de comunicação. Há pouco que fazer, nesses casos, exceto promover a denúncia e a difusão de informação alternativa, o que sempre se tenta.

Não que não existam soluções. Apenas, sendo um mal político, os remédios são também políticos. Um deles, que tem dado certo em vários países (como Portugal), é a participação de jornalistas eleitos (com alguma estabilidade, embora relativa e temporária) em conselhos editoriais visíveis e abertos ao público, combinada com critérios editoriais claros, e, principalmente, a concepção de que o jornalismo é um serviço público, como a telefonia ou o fornecimento de luz elétrica. A qualidade da informação, como a qualidade dos telefones e da energia, independe do lucro das empresas e até deve ajudá-las a ser mais lucrativas.

Mas há também os delitos éticos menos retumbantes e mais acessíveis à Justiça. Por exemplo, o uso de câmara oculta pela equipe do programa *Prime Time Live*, da rede americana ABC, em 1993, para a reportagem-denúncia sobre o reempacotamento de carne com prazo de validade vencida para revenda nos supermercados da rede Food Lion. Para obter a matéria, produtores do programa empregaram-se como processadores de alimentos, com recomendações forjadas, e utilizaram câmaras e gravadores ocultos.

Na ação judicial, na qual pediu uma compensação de 2,5 milhões de dólares — elevada, afinal, para 5,5 milhões na sentença condenatória de primeira instância, em Greensboro, Carolina do Norte —, o supermercado, em nenhum momento, negou o crime. Simplesmente acusou a reportagem de crimes de processo — falsa identidade, abuso de confiança etc. — e de parcialidade (ao não incluir na matéria depoimentos favoráveis de funcionários ou procedimentos legítimos que, ao lado dos ilegítimos, estariam sendo adotados no setor de empacotamento). Argumentava que o mesmo resultado poderia ser obtido pelos repórteres se levassem a carne suspeita a uma laboratório para exame bacteriológico; a isso, os advogados da ABC responderam que perícias técnicas são sempre contestáveis judicialmente e é praticamente impossível que conduzam a uma certeza tal como a que se tem vendo o crime ser realizado.

Eis aí um caso ético: pode um supermercado vender carne estragada e ainda ser indenizado quando se prova que isso ocorre? Pode um jornalista fingir que é o que não é, instrumentalizar denúncias do sindicato dos empregados na indústria de alimentos (que ajudou a montar a farsa), gravar imagens não autorizadas e editar tudo isso de maneira contundente, eliminando argumentos em favor da empresa criminosa (cujo crime as imagens comprovavam)? Vale isso?

Por outro lado, se a ABC era a responsável por todos esses procedimentos de seus repórteres, o que sobra de responsabilidade aos profissionais envolvidos — se é que houve delito?

6. Os pequenos sistemas de coação

No caso brasileiro, a voga dos processos indenizatórios por danos físicos e morais — capaz de transformar, por exemplo, o atropelamento e morte de um parente em motivo de euforia da família, se o atropelador é uma criatura rica — tem tido seu efeito mais notável não no caso das grandes empresas, aqui poderosas mesmo para confrontos judiciais, mas, principalmente, em lugares distantes, onde prevaleçam pequenas instâncias de poder local.

Trata-se de processos contra empresas jornalísticas de pequeno capital. Condenadas pelo juiz local a multas gigantescas, ficam obrigadas a recorrer em tribunais distantes. Com a demora dos processos, oneradas pela custosa contratação de advogados de renome, permanecem (quando permanecem) numa espécie de limbo empresarial: nenhum banco as financia, nenhum fornecedor se arrisca a dar-lhes crédito.

É a alternativa para uma forma de resposta selvagem à imprensa, que ainda vigora em muitas partes do Brasil: a contratação do assassinato por pistoleiros. Segundo um levantamento da organização não-governamental Repórteres sem Fronteiras, com sede em Paris, foram 11 jornalistas assassinados no Brasil, de 1991 a meados de 1998. Nesse ano, foram mortos José Carlos Mesquita, da TV Ouro Verde, de Rondônia, e Manuel Leal de Oliveira, do jornal *A Região*, de Itabuna, Bahia.

7. Para ler mais

As informações deste capítulo foram colhidas nos sítios da Internet http://www.iguntenberg.org.br/, http://www.saladeprensa.org/, http://www.uol.com/observatorio/, http://www.ufa.fi/ehitnet/, http://www.journalismo.sfsu/edu/www/ethics.html/; http://www.feedomforum.org/; http://townhall.org/places/spj/; e http://www.fenaj.org.br/.

Foram também consultados GOODWIN & SMITH, 1994, e NELSON et alii, 1989. Entre os autores que publicaram na Internet, Francisco José Karam ("Cinco anos do caso da Escola Base"), no *Observatório de Imprensa*, acessível pelo portal http://www.observatoriodeimprensa.com.br.); Patrícia Cruz ("La práctica de la ética em los medios de comunicación"), Marcelo Fernandes Zayas ("Qué es buen periodismo?") e Marc Gunther ("La cámara oculta y la ley"), em *Sala de Prensa* (http://www.saladeprensa.org). O texto de William Dwight está em DWIGHT, 1965.

Reportagem especializada

As redações são divididas em editorias, que correspondem aproximadamente a áreas de atividade de interesse jornalístico: cidade, polícia, política, esportes, economia, ciência e tecnologia, artes e espetáculos...

Se é assim, e se cada área dessas pressupõe algum conhecimento específico, por que não transformar especialistas (urbanistas, criminologistas, cientistas políticos, técnicos de educação física, economistas, cientistas, artistas, promotores culturais) em jornalistas, e não o contrário?

A questão tem sido repetida insistentemente e admite várias respostas.

A primeira delas apóia-se ao que poderíamos chamar de "teoria da inocência": a crença de que os repórteres, sendo agentes do público, devem observar a realidade com os critérios do senso comum que excluiriam a formação especializada. Não é muito consistente: um professor de primeiro grau não precisa ser criança para comunicar-se com seus alunos nem um médico abandonar o que sabe para expor um diagnóstico a alguém — seja cientista nuclear ou dona-de-casa.

A segunda resposta faz mais sentido. Cada profissão tem sua própria ética e seus valores corporativos, fixados ao longo de uma experiência histórica. Assim, médicos são impedidos de criticar publicamente outros médicos e advogados devem manter, perante juízes, promotores ou colegas, uma série de cuidados de tratamento. Isto significa que, transferidos para a função de jornalistas, esses profissionais teriam que abandonar os valores de suas atividades de origem.

A terceira resposta faz mais sentido ainda. Trata-se do fato de que a formação de um bom especialista em cada área dessas envolve grande investimento intelectual. A formação de um bom jornalista, nas condições modernas de exercício da profissão, também não é rápida. Não haveria ganho, mas perda social, em se transformar, por exemplo, um físico teórico em jornalista especializado em ciência: sua formação como físico funcionaria para uma especialidade científica, a física, e não para outras (ajudaria pouco, por exemplo, numa reportagem sobre paleontologia). Por outro lado, muitas de suas habilidades, custosamente adquiridas, perderiam qualquer sentido útil, ainda que se limitasse a noticiar pesquisas e descobertas da física.

Ainda assim, é possível formar jornalistas em pós-graduação (desde que em cursos de mais de um ano que incluam as disciplinas técnicas necessárias); recuperam-se vocações tardias e deslocamentos de áreas de interesse. Mas a experiência de países em que essa formação existe mostra que ela é sempre subsidiária. A situação predominante, por toda parte, é a de jornalistas que se especializam para cobrir áreas de conhecimento.

O universo das notícias (e, quase sempre, o da informação jornalística em geral) é o das aparências do mundo: o noticiário não permite nem persegue o conhecimento essencial das coisas, objeto do estudo científico, da prática teórica e de boa parte da criação artística, a não ser por eventuais aplicações a fatos concretos. Por trás das notícias corre uma trama infinita de relações e percursos subjetivos que elas, por definição, não abarcam. Isso explica o custo social menor da especialização do jornalista, se comparado com a transformação do especialista em jornalista.

No caso mais comum, em seis meses ou um ano de leitura e observação, qualquer jornalista competente é capaz de se adestrar para cobrir áreas tão específicas quanto o mercado de capitais ou o setor de saúde de uma metrópole. Evidentemente, o resultado será melhor (mais eficiente, democrático e conforme padrões civilizados) se houver treinamento sistemático desses profissionais em cursos de pós-graduação breves — no padrão de 360 horas previsto para cursos universitários de especialização.

A Teoria da Cognição sustenta que, para transmitir o conhecimento de algo, é preciso entender esse algo — isto é, construir um modelo mental dele. Um modelo mental é uma estrutura incompleta, aproximada e referida a um contexto cultural que é o acervo da memória. Isto significa que um repórter de política nacional, por exemplo, não precisa ser um cientista político (e, se for, usará em seu trabalho muito pouco da ciência política que aprendeu), mas deve dispor do máximo de informações sobre a história recente, a organização do Estado e a natureza dos fatos políticos.

1. Notícia e informação jornalística

As notícias de interesse geral relevantes — fatos novos — são poucas em relação ao espaço global destinado à matéria jornalística; circulam amplamente (em primeira mão, quando são realmente novas) no rádio e na televisão, mais do que nos jornais e revistas; só eventualmente aparecem nos documentários e reportagens programadas, que constituem a maior parte da produção jornalística moderna.

O conceito de notícia — em que pese o uso amplo da palavra *news* (notícia) em inglês — pode ser, assim, substituído pela expressão *informação jornalística*. Essa expressão tem, aí, sentido peculiar, que coincide com o de reportagem (gênero de texto) mas, eventualmente, assume a forma do que se chama de artigo, crônica (política, desportiva) ou crítica (de artes, de espetáculos): não é apenas uma estruturação de dados convenientemente tratados, como na informática ou na inteligência militar, que opõe informação (relato consistente, envolvendo análise) a informe (relato episódico). É mais do que isso: é a exposição que combina interesse do assunto com o maior número possível de dados, formando um todo compreensível e abrangente. Difere da notícia porque esta, sendo comumente rompimento ou mudança na ocorrência normal dos fatos, pressupõe apresentação bem mais sintética e fragmentária.

A informação jornalística é o espaço privilegiado da reportagem especializada. Uma peculiaridade dela é destinar-se a públicos mais ou menos heterogêneos. A máxima heterogeneidade obtém-se na audiência presumível de uma emissora de televisão em circuito aberto (audiência de massa) e a mínima heterogeneidade possível em jornalismo encontra-se entre os leitores de magazines ou sítios de Internet destinados a aficionados de uma atividade prática ou conhecimento — sobre engenharia naval ou surfe, por exemplo. É claro que, quanto mais específico o público, mais se pode particularizar a linguagem.

Há relação entre interesse jornalístico e abrangência de público para uma informação. Quanto maior o interesse jornalístico, maior a abrangência do público a que a informação se possa destinar. Já a comunidade envolvida na especialidade será motivada não tanto pelo aspecto jornalístico de uma informação, mas por suas implicações puramente técnicas. Assim, a conquista de um campeonato mundial de natação envolve, para o público em geral, curiosidade quanto à personalidade do atleta e ao *ranking* da disputa, enquanto, para o segmento dos especialistas em treinamento desportivo, será particularmente relevante a preparação do atleta, o ritmo das braçadas etc.

Material jornalístico caracteriza-se, em tese, por sua atualidade, universalidade, periodicidade (durabilidade limitada) e difusão, mas o que mais o identifica é a estruturação retórica em torno de pontos de interesse jornalístico.

Em resumo, algumas distinções entre notícia e informação jornalística (categoria que, com vimos, inclui a reportagem):

1. a notícia trata de um fato, acontecimento que contém elementos de ineditismo, intensidade, atualidade, proximidade e identificação que o tornam relevante; corresponde, freqüentemente, à disfunção de algum sistema — a queda do avião, a quebra da normalidade institucional etc. Já a informação trata de um assunto, determinado ou não por fato gerador de interesse;
2. a notícia independe, em regra, das intenções dos jornalistas; a informação decorre de intenção, de uma "visão jornalística" dos fatos;
3. a notícia e a informação jornalística contêm, em geral, graus diferentes de profundidade no trato do assunto; a notícia é mais breve, sumária, pouco durável, presa à emergência do evento que a gerou. A informação é mais extensa, mais completa, mais rica na trama de relações entre os universos de dados;
4. a notícia típica é da emergência de um fato novo, de sua descoberta ou revelação; a informação típica dá conta de um estado-de-arte, isto é, da situação momentânea em determinado campo de conhecimento.

2. Política, esportes, artes e espetáculos

A política, assim como o esporte, admite um tipo de cobertura que não se pode chamar simplesmente de noticiosa. Tanto em política quanto em esporte, cada acontecimento pressupõe algo exterior a ele e que lhe dá sentido: a "situação política", a "situação no campeonato e no *ranking*".

A notícia esportiva é o jogo ou a disputa. Delas as pessoas tomam conhecimento assistindo ao espetáculo ou a partir de resumos — os *lances principais*. Tudo mais é constituído de declarações e decisões, tomadas num clima de paixão, em torno das quais se propõem análises e prognósticos — a crônica desportiva.

Cabe ao repórter de esportes documentar essas declarações e decisões, atento ao contexto emocional em que se situam e à natureza empresarial que hoje assume a atividade desportiva. Mas não deve perder de vista os aspectos éticos do esporte, seu poder de catarse — catalisador de tensões sociais — e a finalidade educativa de sua prática, que deve voltar-se para a saúde física e mental.

Quanto à política, é preciso acrescentar um detalhe. Ela toma como fato o que ocorre em outras áreas. A primeira notícia do golpe de 1964 chegou através da mobilização dos médicos dos hospitais; as investigações do caso Collor foram cobertas pela reportagem geral. O craque de 1929 aconteceu na Bolsa de Valores, não no parlamento; a Revolução Russa de 1917 foi registrada antes nas ruas do que na Duma de São Petersburgo; são os sismógrafos que registram a explosão de bombas atômicas.

Da mesma forma, uma manifestação em Brasília é fato urbano; a falência de bancos e a crise da balança comercial são fatos econômicos; a perda de popularidade do governo é fato estatístico; as pressões externas pela modificação de leis nacionais são fato diplomáticos; o desemprego é fato social; operações com tropas para reprimir traficantes de drogas são fatos militares. Decisões de governo, nomeações para cargos são fatos administrativos.

Com exceção dos resultados eleitorais ou de votações, a reportagem estritamente política baseia-se em entrevistas, com ou sem identificação dos entrevistados. Essas entrevistas tratam de processos políticos em si (denúncias, sempre abundantes e que se amiúdam em tempos de crise ou perto de eleições; a organização de partidos; a constituição e o funcionamento de comissões parlamentares etc.) ou refletem questões não estritamente políticas, tais como problemas de saúde pública, aspectos da administração, da economia etc. O nível de análise admitido consiste em contextualizar declarações e os fatos a que se reportam.

Existem dois outros níveis a considerar: o dos conchavos ou entendimentos mais ou menos reservados, a que jornalistas têm acesso parcial e incerto, e o campo vasto dos grandes condicionamentos sociais e históricos, em que se movimenta a ciência política em si. A política é, portanto, um discurso que se reporta à realidade de maneira particular. Nela, mais do que um evento singular, importa o estabelecimento do quadro de situação, isto é, a apreensão de um aspecto global de realidade que importa ou pressupõe prognósticos para o futuro.

Qualquer atividade social tem sua dimensão política. Existe uma política cultural, outra desportiva, outra acadêmica, outra militar, outra artística e assim por diante. Daí, qualquer jornalista terá, em algum momento, que lidar com raciocínios, interesses e manobras políticas envolvendo os fatos de sua área de atuação.

A crônica política, guardando relações com o publicismo, é a forma limite do jornalismo político, tal como a crônica esportiva do jornalismo de esportes. Procura antecipar fatos e revelar tendências; isso implica adotar postura um tanto diferente da que se tem no noticiário comum e mesmo na reportagem. As relações entre os diferentes níveis de cobertura política foram resumidas em três parágrafos por Carlos Castello Branco, o mais brilhante entre os jornalistas políticos brasileiros da segunda metade do século XX, numa palestra na Universidade Federal de Minas Gerais, em 1968:

> O repórter que se obriga a contar o que viu e a transmitir o que ouviu, na notícia impessoal, subordina-se à linha de objetividade narrativa comum a todos os setores da reportagem. Ele não pode, ou pelo menos não deve, interferir nos fatos, mas apenas transmiti-los dentro do melhor processo técnico, a partir do *lead*.
>
> Seu trabalho é evidentemente importante, mas não é o suficiente. O episódio político tem conotações próprias e o fato se insere num contexto que deve ser esclarecido. A notícia nua e crua não o revela em todas as suas nuanças. Ele deve ser didaticamente desmontado. Essencialmente dinâmico, muda de aspecto de hora em hora. É impreciso e sinuoso e muitas vezes ameaça ser e não é. Está em permanente elaboração. O que é lógico: a

política é uma constante divergência e conciliação, um interminável processo dialético.

O comentarista, afastando-se aparentemente da objetividade narrativa, procura, na sua análise, e apesar da impressão em contrário que possa produzir, uma precisão maior. Cabe-lhe tentar a captação de todos os fatores, de todas as circunstâncias em que se desenrola e desdobra o acontecimento político.

A crítica ocupa, no jornalismo de artes e espetáculos, o papel correspondente às crônicas política e desportiva. Originalmente, tratava-se de orientar o gosto do público para socializá-lo em padrões estéticos considerados mais altos pela sociedade em geral: ensiná-lo a preferir a elegância ao espalhafato ou, pelo menos ostensivamente, Wolfgang Amadeus Mozart a Johann Strauss. Hoje, cuida-se sobretudo de orientar um aficionado, ou pretendente a aficionado, para que se insira no padrão estético mais elevado daquilo que se chama de *tribo*.

A cultura se fragmenta; desaparece, pelo menos na mídia, a noção de hierarquia dos gostos. Cada tribo — dos apreciadores da dança clássica e do balé moderno, dos fãs do *rap* ou da canção romântica — deve ser munida com a história particular de sua paixão e com os valores culturais (concretos ou virtuais) que a sustentam. Dentro de cada tribo dessas é possível construir uma política cultural, com progressistas e reacionários, militantes e simpatizantes, núcleos de puristas preconceituosos e periferias de praticantes dispostos ao ecletismo.

A reportagem tem, aí, função clara de socialização, que se põe a serviço do *marketing* — mesmo na mais sofisticada ou clássica expressão artística, já que todo produto cultural é comercializável. Só que a tarefa do jornalista não é a venda do produto, e sim de um padrão de gosto. Quer dizer: quem escreve a crítica sobre uma nova peça de teatro ou a reportagem sobre um ator cômico deve ter compromissos com o teatro, não com a peça em si ou com aquele ator em particular.

3. Ciência, tecnologia e produção

Assuntos de ciência e tecnologia são material jornalístico cada vez mais freqüente nos meios de comunicação. A principal razão disso é a crescente aplicação de tecnologia, determinando mudanças, tais como desemprego e aumento de produtividade; desaparecimento de profissões e surgimento de outras; invenção de produtos de uso cotidiano; novos processos de produção e trabalho a que as pessoas devem adaptar-se; criação de serviços; oferecimento de recursos técnicos que alteram a qualidade de vida.

Mas há um segundo motivo, também relevante: o conflito entre o que a ciência vai revelando e os *conhecimentos entrincheirados* das pessoas — crenças que se incorporaram a valores religiosos em muitas culturas e que se vêem assim contestadas diretamente. É o caso, sem dúvida, das pesquisas que tangenciam os fins últimos e as causas primeiras: a sempre surpreendente Teoria da Evolução de Darwin oposta ao criacionismo; a astronomia e a astrofísica opostas, desde Galileu, ao geocentrismo e às teses que atribuem ao homem o privilégio da inteligência ou o parentesco exclusivo com a divindade.

A tarefa da reportagem especializada em ciência e tecnologia é transformar conhecimento científico-tecnológico em informação jornalística. Isso compreende alguns objetivos específicos:

a) numa sociedade em que as pessoas têm formação técnico-profissional especializada, informar a cada um desses especialistas o que está sendo produzido, pensado ou especulado em áreas de conhecimento que não aquelas do consumidor da informação;
b) promover a substituição de antigas por novas tecnologias, mantendo o público informado sobre os avanços técnico-científicos e orientando-o quanto a escolhas relacionadas com a utilização de serviços, tais como assistência médica, acesso a informações etc.;
c) complementar e atualizar a formação básica generalista das pessoas;
d) indicar áreas de interesse que poderão ser aprofundadas pelo consumo de produtos culturais mais específicos, como livros e cursos especializados;
e) fornecer insumos e modelos de pensamento para reflexão mais atualizada sobre grandes temas, como a vida, o universo ou o futuro.

As ciências (exatas, biológicas e da terra) procuram conhecer e compreender o mundo natural, estabelecendo suas leis. A tecnologia mobiliza esse conhecimento e compreensão para fins práticos. A ciência pode ser básica ou aplicada: a matemática é a ciência básica por excelência; mas também a física nuclear, por exemplo, com relação aos estudos de fissão e fusão em que ela se aplica; a química, com relação ao estudo químico aplicado aos poluentes da água; a biologia, com relação à botânica e à zoologia.

O conhecimento científico pressupõe grau de abstração que é tão maior quanto mais básica for a investigação científica. De modo geral, o mecanismo da investigação consiste na construção de modelos teóricos para os fenômenos, os quais deverão ser comprovados por experimentação. Modelos teóricos são configurações ou esquemas mentais que procuram o máximo de aproximação com a realidade sem, no entanto, conhecê-la totalmente. Quando esse conhecimento ocorre, deixamos de ter um modelo teórico (em decorrência, uma teoria) para ter um fato científico.

Na pesquisa científica, a observação é o primeiro passo. Daí à hipótese que, sendo fruto da imaginação, dá início ao trabalho científico. Hipóteses são afirmações *a priori* que precisam ser provadas; conjeturas sem comprovação. Podem-se deduzir das hipóteses conclusões que serão verificadas; ou então induzir de fenômenos particulares leis ou princípios gerais de que se deduzirão outras conclusões a serem comprovadas.

A experimentação verifica a hipótese. Já teoria é mais do que hipótese: é explicação consistente (não contraditória) sobre a essência de um fenômeno ou grupo de fenômenos. Uma teoria vale até ser refutada por experimentação ou abrangida por outra teoria mais convincente. A abstração — o raciocínio lógico — condiciona o método dedutivo ou método teórico e a observação condiciona o método indutivo ou empírico.

O método empírico reporta-se a uma aparência do fenômeno, que é, em si, enganosa — quando, por exemplo, constatamos que o Sol parece girar em torno da Terra. O mais das vezes, a experimentação dispensa a observação direta de um fenômeno. Por exemplo, ninguém até hoje viu em microscópio os dois átomos de hidrogênio que se juntam a um átomo de oxigênio para formar a molécula de água; mas a fórmula H_2O é fato, não modelo, porque a química analítica demonstra que ela só pode ser assim. Já a Teoria Atômica é um modelo porque a estrutura das partículas do átomo não é completa e definitivamente conhecida.

A ciência trabalha com altos níveis de abstração. A tecnologia, ao aplicar conhecimentos da ciência a uma escala de produção, exige também alguma abstração, embora com vistas a uma praticidade. Já a técnica é essencialmente prática.

A reportagem de ciência e tecnologia cumpre algumas funções básicas: informativa; educativa; social; cultural; econômica; político-ideológica. Ao informar, complementa e atualiza conhecimentos e, neste sentido, educa; ao transmitir conhecimento, atua sobre a sociedade e a cultura, determinando escolhas econômicas e, no fim, opções político-ideológicas. A pouca divulgação da atividade científica brasileira, por exemplo, articula-se com uma representação de atraso que nem sempre corresponde à realidade do país, mas serve a objetivos políticos e institucionais claros.

As fontes da reportagem científica e tecnológica são cientistas ou pesquisadores, de ciência básica ou aplicada, como engenheiros, físicos, químicos, matemáticos, biólogos e outros especialistas das ciências exatas, biológicas e da terra. O material de pesquisa, dissertações (exigidas para a obtenção do grau de mestre), teses (para os doutorados) e *papers* (textos de circulação restrita sobre pesquisas recém-concluídas ou em andamento). Os objetivos do repórter e da fonte são, quase sempre, distintos: enquanto o cientista ou pesquisador se interessa pelo desenvolvimento de pesquisas, formando o conhecimento científico, ao jornalista interessa transformar esse conhecimento em material jornalístico.

O texto jornalístico não é nem pretende ser exato. A exatidão, pelo contrário, é objetivo da pesquisa científica. Isso gera incompreensão sistemática: (a) os repórteres consideram os cientistas rigorosos demais em matéria de números, expressões e corpos de idéias; (b) os cientistas consideram os repórteres superficiais, desinteressados pela exatidão e displicentes quanto a detalhes importantes do ponto de vista científico.

O jornalismo procura grau distinto de precisão, determinado pela amplitude de seu público, que é extenso e disperso. O texto jornalístico traduz conhecimento científico em informação jornalística científico-tecnológica, procurando tornar conteúdos da ciência compreensíveis e atraentes. Clareza, simplicidade e compreensibilidade são virtudes que se esperam dos jornais e que os fazem ser lidos mesmo por cientistas, que geralmente nada reclamam quando não se trata de assunto de sua especialidade.

O texto — e o tratamento de imagens — jornalístico pretende

ter leitura agradável e transmitir seu conteúdo com o mínimo de esforço de compreensão. Nem sempre isso é fácil, mas é sempre possível; eventualmente, leva tempo. Um livro didático da década de 1940 dedicava mais de cem páginas para expor o modelo do átomo (Bohr), que hoje se expõe em pouco mais de uma página e de maneira infinitamente mais clara; é que se ampliou o grau de compreensão do assunto.

Os graus de precisão são distintos, quando se consideram o público a que se destina o cientista e o público a que se destina o jornalista. Isto ocorre porque as relações dos públicos com o acontecimento são diferentes. Num exemplo objetivo: se sou médico e trato de um paciente, a informação de que ele tem um câncer é pouco satisfatória; preciso saber que tipo de tumor, onde se localiza e qual seu estágio de desenvolvimento. Se se trata de colega de trabalho que se afastou do serviço por doença, a informação "ele tem câncer" é, geralmente, satisfatória.

Em nenhum outro campo a comparação é mais relevante do que na informação científica. Aqui, quando lidamos com unidades desconhecidas do público (mícron, ano-luz), grandezas fora da dimensão humana corrente (milhões de toneladas, milionésimos de segundo), configurações inexistentes no mundo aparente (cristalização de partículas, buracos negros) ou leis que não admitem exemplos, ou o pressuposto da existência (a lei de Newton, segundo a qual um corpo não sujeito a qualquer força manterá seu estado de inércia ou movimento), a comparação é o único meio de apreensão parcial de uma realidade que se deseja transmitir.

A ilustração com narrativas históricas ou anedóticas é a forma mais usual de humanizar a informação científica. O fato de a descoberta da penicilina por Alexander Fleming ter ocorrido por acaso não é relevante do ponto de vista científico, mas contribuiu bastante para a representação corrente, jornalística, da descoberta. Se Einstein gostava de *jazz* e os Curie tiveram tal ou qual vida conjugal também não significam nada para a Teoria da Relatividade e a experimentação com o átomo, mas fazem parte da aura jornalística desses campos de conhecimento.

O fundamental num texto de informação jornalística científica é fazer compreender e aproximar o universo da ciência do universo em que vive e pensa o consumidor da informação. Para isso recorrem-se a associações, relacionamentos, descoberta de conexões. Números adquirem muita força, porque portam credibilidade, mas a exatidão — até a quarta ou enésima casa decimal — é pouco relevante. A base da formulação do texto é a entrevista: as perguntas que o jornalista faz ao pesquisador e a paciência deste em respondê-las, por estranhas ou desinformadas que pareçam. A desinformação não é apenas do repórter, é também do público. Repórteres são treinados para não ter vergonha de perguntar.

Muitos cientistas surpreendem-se com a curiosidade por informações ou dados de conhecimento geral em seu meio: teorias, às vezes velhas, de mais de um século, resultados de pesquisas amplamente veiculadas em revistas científicas, conjeturas que se fazem há décadas em salas de aula. Pode acontecer de isso tudo ser novidade para o jornalista e para o público. O novo é aquilo que o público ainda não conhece; o inédito, aquilo que não faz parte do acervo de informações da imprensa.

Nem todo trabalho científico se presta à informação jornalística, critério segundo o qual se organizam e planejam as pautas. Atualmente, o jornalismo científico centra-se em quatro áreas de conteúdo: a medicina, com ênfase nas pesquisas sobre câncer, Aids, doenças da velhice e da primeira infância, obesidade, epidemias e surtos (estão envolvidas, aí, a microbiologia, a fisiologia, a patologia, a endocrinologia, imunologia, entre os campos mais estritamente científicos; a cardiologia, a geriatria, a pediatria etc. entre as especialidades médicas); a cosmologia (investigação do universo: astronomia, astrofísica, tecnologias aeroespaciais etc.); biologia (principalmente ecologia e genética, incluída a engenharia genética); e as teorias da informação, incluída a inteligência artificial.

O jornalismo que trata de técnica não é jornalismo científico, mas jornalismo de produção — como, por exemplo, o dos suplementos de informática, do programa de tevê *Globo Rural* ou a revista que tem o mesmo nome: em ambos os casos (informática e agricultura), o usuário das técnicas não é necessariamente um especialista e se orienta em grande parte pelos veículos jornalísticos. Os jornais de cooperativas agrícolas, as revistas para microempresários e, em geral, os magazines de trabalho são outros exemplos: seu conteúdo são informações técnicas e econômicas ("como fazer", "como produzir", "quanto investir", "qual a lucratividade") — a divulgação-valorização de procedimentos e conhecimentos práticos que, incorporados aos processos de produção, têm o objetivo de gerar mercadorias.

O jornalismo de produção difunde, no entanto, informações de ciência e tecnologia. Tomemos o caso do jornalismo rural, em que as fontes são profissionais de ciências agrárias (engenheiros agrônomos, florestais, agrícolas e de pesca, veterinários etc.): ele pode veicular matéria explicando um fenômeno genético (científica) ou sobre inteligência artificial aplicada à produção automatizada de aves (tecnológica).

4. Economia

Ciência e tecnologia são forças produtivas fundamentais no processo de produção da economia capitalista. Dos cinco fatores de produção listados por Joseph Schumpeter, os dois primeiros relacionam-se diretamente com a tecnologia e nenhum dos outros deixa de ter relação indireta com ela:

- fabricação de bens ainda desconhecidos pelos consumidores;
- utilização de novas técnicas de produção;
- ampliação do mercado;
- conquista de novas fontes de matérias-primas;
- constituição de novas organizações.

Há ligação constante e necessária entre jornalismo científico e jornalismo econômico. A tecnologia é o conhecimento desenvolvido para materializar-se em produtos; "dominar a tecnologia" de um produto significa conhecer seu processo de produção. As unidades produtivas — estabelecimentos que geram mercadorias e serviços dos setores primário (agropecuária), secundário (indústria) e terciário (comércio, serviços) — são formadas por dois tipos de capitais: força de trabalho e meios de produção (máquinas, equipamentos e insumos diversos consumidos no processo). A relação entre esses dois capitais chama-se composição orgânica do capital e é geralmente representada em porcentagens conforme a destinação: x% para o pagamento de salários, y% para o pagamento dos meios de produção.

Para elevar a produtividade (relação entre a unidade de produção e o tempo necessário para produzir cada uma dessas unidades), emprega-se intensivamente a tecnologia, que se torna componente fundamental do processo produtivo, tendendo a substituir força de trabalho — por exemplo, com a robotização de linhas de montagem ou a informatização de oficinas gráficas. Tecnologia existe sempre, no entanto, mesmo não sofisticada: os procedimentos da pesca envolvem a tecnologia das redes ou dos anzóis; das embarcações movidas a vela; dos sistemas de orientação náutica, desde o sextante até a localização dos cardumes por satélites artificiais.

A concorrência entre unidades produtivas obriga ao emprego de tecnologia; ela permite o acréscimo de produtividade, criando *handicap* positivo na concorrência. Dispor de tecnologia mais eficaz significa ter condições competitivas melhores. Esse tipo de fenômeno (envolvendo tecnologia, trabalho e produto) é normalmente coberto pelas editorias econômicas.

No entanto, estamos, até agora, falando da economia real, isto é, daquela que se reporta à produção imediata de bens e serviços de que os homens se utilizam. Existem outras dimensões da economia, que podem ser compreendidas a partir da Teoria da Utilidade Marginal, formulada por Karl Menger no último quarto do século XIX. Segundo essa teoria, a quantidade ótima de um produto é aquela que satisfaz a necessidade última do consumidor. Sendo assim, a questão econômica transfere-se, em grande parte, para a subjetividade do indivíduo que consome, o que implica considerar suas expectativas e esperanças — em suma, bens simbólicos.

A essa concepção corresponde pressão contínua para elevar o consumo, ampliando necessidades existentes e criando novas, com técnicas de *marketing*. Mas também o surgimento de uma economia virtual, baseada em especulação sobre o futuro e cuja dimensão é objeto de ampla discussão: ela chegou a ser calculada entre 10 e 50 vezes o volume global da economia real de bens e serviços.

Após a Segunda Guerra Mundial, abandonado o lastro em ouro que antes limitava o volume de moeda, a inflação em dólares — e a constante exportação de dólares pelos Estados Unidos, com sua balança de pagamentos deficitária — criou pelo mundo fortunas virtuais que ancoram em regiões onde não se pagam impostos, os *paraísos fiscais*.

A situação é tal que mesmo axiomas da economia — como a tese de que as relações econômicas determinam o universo político e não o contrário — parecem rejeitadas na prática. A riqueza passa a ser aparentemente determinada não pelas fazendas e fábricas, pelos bancos e comércio, mas pela concentração de inteligência e poder. E o jornalismo está no centro dessa *era da informação*.

A área de cobertura da reportagem econômica ampliou-se. Tradicionalmente, estava centrada nos setores oficiais de planejamento e economia, nos mercados de capitais e de *commodities*, nas entidades de empresários. Apropriava-se ainda das informações capazes de interferir no fluxo de mercadorias: cabia-lhe interpretar, sob esse prisma, relatos de pirataria, guerra e eventos climáticos.

Numa primeira expansão, a economia passou a interessar-se tanto pela pesquisa tecnológica quanto pelas relações de trabalho — sobrepondo-se e substituindo a antiga cobertura sindical; expandiu-se ainda para a área, antes estritamente publicitária, dos negócios privados. Surgiu todo um setor de imprensa especializado em áreas de produção — revistas e jornais de trabalho. Dentre esses, aqueles voltados para atividades exercidas geralmente por não especialistas, como a agropecuária e os diferentes usos da informática.

Finalmente, a reportagem econômica ocupou-se também das idéias e costumes, artes, espetáculos e esportes. O que vai caracterizá-la, então, já não é mais o tema, mas o enfoque, voltado para as possibilidades de apropriação e lucro.

5. Para ler mais

Os segmentos "Notícia e informação jornalística" e "Ciência, tecnologia e produção" foram parcialmente baseados em aulas ministradas pelo professor doutor Hélio Ademar Schuch, em disciplinas da Universidade Federal de Santa Catarina (SCHUCH, 1996); delas reproduzi vários trechos. Sobre Jornalismo Científico, recomenda-se CALVO HERNANDO, 1997. A citação de Carlos Castello Branco é de CASTELLO BRANCO, 1978, p. 69-70; pode-se ler ainda a revista *Pauta Geral*, vol. 3. n° 3, dedicada ao tema. Sobre reportagem econômica, entre outros, QUINTÃO, 1987, e KUCINSKI, 1996.

Repórteres & pesquisa

É comum quem pensa em reportagem negligenciar a pesquisa. A imagem corriqueira do repórter é a de alguém dependente de fontes e sem acesso às fontes das fontes — isto é, aos documentos primários de que se origina a informação levada a público.

No entanto, todo repórter, confrontando-se com assessores de imprensa e entrevistados, já sentiu o desejo de ir adiante, fuçar papéis e arquivos em busca de verdade mais completa, menos tendenciosa ou mais conforme o desejo de saber do público.

Se a fonte A dá uma versão, a fonte B outra e a fonte C uma terceira, contraditórias ou só parcialmente coincidentes, de um evento, deve haver uma quarta versão que corresponda ao que realmente aconteceu. Freqüentemente, essa versão mais completa ou correta está disponível em algum lugar, pode ser investigada e recuperada.

1. Dificuldades de pesquisa

A consulta a documentos, em geral, pressupõe algum conhecimento da maneira como foram indexados. O arquivamento é um processo técnico, que pode ser muito complicado em grandes acervos, mas do qual todos devemos ter algum domínio.

Procurar uma matéria em jornal, por exemplo, torna-se mais fácil quando se percebe a lógica da edição. A busca de um número de telefone a partir do nome do assinante pode complicar-se se o indivíduo que procura não sabe, por exemplo, como foi organizado o catálogo; se se procura uma escola municipal, é possível que se tenha que ir ao tópico Prefeitura, depois Secretaria de Educação, depois Departamento de Educação Primária, x Distrito Educacional e, aí, então, chegar ao que se deseja. Processos judiciais e administrativos são montados com a juntada de documentos um após o outro, de modo que os passos mais recentes são sempre os últimos do volume.

Interpretar tabelas numéricas é um exercício de inteligência. Os dados significativos estão no mesmo nível que outros insignificantes, porque se trata de documentos padronizados, que não consideram situações de relevância. Ou ainda podem ter sido deliberadamente escondidos, coisa de que se suspeita, sempre, diante de balanços e balancetes de empresas. Ler balanços é uma especialidade de contabilistas, com o que devem familiarizar-se, tanto quanto possível, repórteres de editoria econômica.

Complicada ou não, a pesquisa é a base do melhor jornalismo.

Ela está presente, e muito, por exemplo, na reportagem-ensaio *Os sertões*, de Euclides da Cunha, certamente a principal obra jornalística da literatura em língua portuguesa. E como faz falta, na história brasileira, alguém que tenha, na época e com recursos adequados, mergulhado em episódios como a revolta dos Mückers, no Sul do Brasil, tão semelhante à de Canudos, ou, mais remotas, as batalhas que conduziram à liquidação de quilombos como o de Palmares!

Mais difíceis de contornar, porque independentes da formação que o jornalista tenha ou do interesse que o motive a obter informações, são as restrições existentes no Brasil para o acesso a documentos públicos. Burocratas de todo nível carimbam "confidencial", "reservado" ou "secreto" em papéis, obedecendo a normas confusas e, sobretudo, convencidos de que o maior risco, para eles, advirá sempre da revelação do que deveria talvez ser mantido em sigilo. Tendem, assim, a exagerar. Motivações momentâneas para o segredo permanecem muito além das condições que as geraram. E as liberações ocorrem episodicamente, ao sabor de pressões eventuais, beneficiando alguns pesquisadores e não outros, e eventualmente privilegiando analistas tendenciosos. A situação não é muito diferente na maioria dos países da Europa e melhora um pouco nos Estados Unidos, país que tem uma legislação voltada para facilitar a informação pública e onde se pode obter judicialmente a liberação de papéis de interesse dos cidadãos.

A última das grandes dificuldades resulta do próprio processo de produção da informação jornalística. O jornalista é um sujeito que trabalha obedecendo a pautas e prazos; pesquisa exige tempo e tem resultados incertos. Empresas jornalísticas freqüentemente resistem à idéia de deslocar um profissional do trabalho rotineiro para um processo de investigação. Preocupação inicial de quem se lança a uma pesquisa mais extensa é, sem dúvida, como financiá-la.

2. Investigação e interpretação

Toda reportagem pressupõe investigação e interpretação. No entanto, as categorias "jornalismo interpretativo" e "jornalismo investigativo" são sempre mencionadas na literatura teórica recente sobre o assunto.

O jornalismo interpretativo consiste, *grosso modo*, em um tipo de informação em que se evidenciam conseqüências ou implicações dos dados. Ele é obrigatório nas coberturas de temas científicos e de economia, quando a importância ou o interesse da informação não é auto-evidente. Presta-se também à cobertura política, quando se trata de contextos pouco conhecidos — por exemplo, em países remotos.

A interpretação objetiva oferecer ao leitor os fatos que permitem estabelecer conclusões — sem *fechar* essas conclusões. Por exemplo: se (a) *João matou Maria*, (b) *João saiu do manicômio há pouco tempo* e (c) *a política adotada no setor de saúde é ampliar o atendimento ambulatorial dos doentes mentais*, esses três fatos devem ser apresentados e relacionados. No entanto, será dado ao leitor, espectador ou ouvinte o direito de ter sua própria opinião. Ele poderá concluir que: (a) a política de incentivo ao atendimento ambulatorial de doentes mentais é errada; (b) a política de incentivo ao atendimento ambulatorial de doentes mentais está sendo mal aplicada; (c) mesmo uma política correta, como a do atendimento ambulatorial de doentes mentais, é suscetível de acidentes como o que ocorreu no caso de João; (d) trata-se de uma coincidência.

O risco do jornalismo interpretativo é subordinar a matéria a crenças ou teorias não comprovadas, transformando informação em opinião, diante da qual o receptor poderá apenas concordar ou discordar. Mas exatamente esse viés de tendenciosidade torna tão fascinante o jornalismo interpretativo para as pessoas saudosas do publicismo. Visto como instrumento *moderno* para controle das massas, ele é saudado com entusiasmo pelos militantes políticos engajados em campanhas que objetivam o controle da opinião pública. Em certa época, essas campanhas pretendiam mudanças institucionais profundas ou revolucionárias, afetando as relações de produção e, com elas, a distribuição do poder nas sociedades; hoje, voltam-se para temas específicos, como a defesa da homossexualidade, a promoção de movimentos caritativos de fundo religioso ou a politização dos conflitos entre pessoas de sexos opostos.

A tese da eficácia de um jornalismo interpretativo *revolucionário* esbarra numa constatação: a de que, estando a imprensa imersa em um sistema de poder, a opinião dominante na mídia será inevitavelmente aquela que consulta os interesses desse sistema de poder. Por outro lado, ao aproximar-se do discurso institucional, da intenção de comandar — afastando-se, portanto, daquela de simplesmente informar —, o interpretacionismo radicalizado confunde-se com a opinião manifesta, perde a força de convencimento dos fatos e se assemelha à fala dos demagogos, contra a qual as parcelas esclarecidas do público estão mais que vacinadas, por força de crescente exposição.

O jornalismo interpretativo com viés de opinião contestadora teve seus momentos de maior brilho, no século XX, na Europa, em países em que os intelectuais participam ativamente do sistema político. Alguns aspectos tornaram-se anedóticos: por muitos anos, por exemplo, o jornal francês Le Monde, um dos mais prestigiados internacionalmente, elegia países distantes — ora a Grécia, ora o Brasil ou a Índia — para desenvolver um discurso progressista indignado, bem diferente daquele que o mesmo veículo tinha condições de praticar quando se tratava de política interna francesa ou em regiões nas quais a França tinha decisivo interesse estratégico, como o Vietnã ou o Norte da África.

O jornalismo investigativo é geralmente definido como forma extremada de reportagem. Trata-se de dedicar tempo e esforço ao levantamento de um tema pela qual o repórter, em geral, se apaixona. A dificuldade de obtenção de financiamento explica em parte por que a investigação — embora muitas vezes intuitiva, voluntarista e desorganizada — prosperou nos Estados Unidos, onde fundações e instituições universitárias costumam destinar recursos a esse tipo de pesquisa, não discriminando as acadêmicas daquelas com intenção jornalística.

Pode-se também entender jornalismo investigativo — pelo menos parte dele — como um esforço para evidenciar misérias presentes ou passadas da sociedade, injustiças cometidas; contar como as coisas são ou foram e como deveriam ser ou ter sido. O resultado do trabalho é a produção de textos extensos que eventualmente não cabem em veículos jornalísticos convencionais. Costumam ser publicados, então, na forma de livros ou documentários em vídeo. Livres de injunções, os repórteres se permitem explorar linhas de raciocínio divergentes e chegar a conclusões que, se não verdadeiras, pelo menos inquietam os bem-pensantes.

A concepção de uma reportagem investigativa pode decorrer de várias experiências: pequenos fatos inexplicáveis ou curiosos, pistas dadas por informantes ou fontes regulares, leituras, notícias novas (uma pequena nota em jornal japonês deu origem à famosa reportagem sobre o massacre de Mi Lai, no Vietnã) ou a observação direta da realidade. O segundo passo é o estudo de viabilidade: se existem documentos disponíveis ou fontes que possam ser acessadas, se há recursos e tempo, que resultados pode ter a investigação etc. O terceiro passo, familiarizar-se com o assunto, o que envolve alguma pesquisa e consulta a fontes secundárias. O quarto passo, desenvolver um plano de ação, incluindo custos, métodos de arquivamento e cruzamento de informações etc. O quinto passo é realizar o plano, ouvindo fontes e consultando documentos. O sexto passo, reavaliar o material apurado e preencher os vazios de informação. As etapas seguintes são a avaliação final, a redação e revisão, a publicação e o seguimento ou *suite* da matéria.

A reportagem investigativa — como, de resto, toda forma de

pesquisa — tende a beneficiar-se enormemente com a difusão dos computadores, que facilitam o arquivamento e a recuperação de informação.

3. Jornalismo de precisão

A constatação de que o repórter não pode, ou não deve, ser inocente e passivo quanto propõe a tradição do ofício e de que a objetividade que se persegue não pode ser atingida por inteiro — da mesma forma que, em ciência, não existe medição sem erro — levou alguns jornalistas, na década de 1960, a defender a utilização de técnicas literárias para o aprofundamento da realidade, a busca de *essências*, no sentido que essa palavra tem na filosofia alemã.

O movimento do *novo jornalismo*, proposto, entre outros, por Jimmy Berlin e Tom Wolfe, teve adeptos muito conhecidos, como Truman Capote e Norman Mailer. Encontrou, na América do Sul, alguns praticantes notáveis, como o colombiano Gabriel García Márquez (por exemplo, no livro *Notícia de um seqüestro*). Tem antecedentes históricos em escritores como em Ernest Hemingway ou John dos Passos. Seus pontos problemáticos são os seguintes:

a) A carpintaria literária, com o uso de técnicas, tais como a valorização de detalhes expressivos, o monólogo interior (discurso indireto livre) ou ainda a estrutura em que uma situação de equilíbrio é alterada por um fato que conduz a outros, até o restabelecimento do equilíbrio — todo o artesanato do romance ou do conto —, aplica-se a alguns gêneros jornalísticos, não a outros. Pode ser útil, por exemplo, na construção de perfis, que retratam em profundidade um personagem; nesse sentido, uma obra-prima é o pequeno texto sobre Marilyn Monroe, incluído no livro *Dogs bark...*, de Capote. No entanto, não se presta à maioria dos textos destinados à informação pública.

b) É extremamente difícil, em situações reais, juntar o volume de informações necessário à produção de um texto literário — ainda que se disponha de tempo ilimitado para pesquisa. A notícia é o relato do que se sabe, não do que se ignora; é isso que a faz existir. A consistência extrema que se espera da literatura implica dispor de dados subjetivos, por definição não alcançáveis pela observação direta, e de todo o conjunto de dados objetivos que habilitem o narrador a aparentar onisciência e onipresença — a saber de tudo e estar em toda parte. As soluções apontam para dois caminhos: ou se acrescentam dados fictícios, possíveis mas não comprovados, ou se misturam dados de diferentes episódios para compor um só. Em ambos os casos, deixa-se de praticar jornalismo e passa-se a praticar literatura. A arte literária justifica-se, na etapa atual da História, exatamente como revelação de conteúdos ou essências verdadeiros através das estruturas de ficção que cria no nível da aparência: assim, pouco importando se existam Fabiano ou Baleia, personagens de *Vidas secas*, de Graciliano Ramos, o que se conta é a essência do drama dos fugitivos da estiagem no Nordeste brasileiro.

c) Literatura exige vagar e lavra artística do texto. Literatura apressada é, provavelmente, subliteratura, construída com chavões e conduzindo a conclusões que não passam de lugares-comuns. No entanto, a pressa é essencial em jornalismo, atividade industrial (produzida, portanto, em condições de hierarquia e disciplina rígidas) que se relaciona com produtos, e não com obras, pressupõe urgência e eficácia na transmissão de informações.

Outro caminho é proposto por Philip Meyer, em seus livros *Precision journalism: a reporter's introduction to social science methods*, de 1973, e *The new precision journalism*, de 1991. Ele parte das constatações de que o número de habilidades necessárias à formação de um jornalista vem crescendo continuamente e de que os critérios tradicionais — que valorizavam o amor à verdade, a disposição física e a habilidade para escrever — já não bastam, na era da informação:

> O mundo tornou-se tão complicado, tão intenso o incremento da informação disponível, que o jornalista tem que ser alguém que cria, e não só transmite, um organizador, e não só um intérprete, alguém que junte os fatos e os torne acessíveis. Além de saber como redigir informações de imprensa ou como contá-las nos meios audiovisuais, deve descobrir como fazê-las chegar à mente de seu público. Em outras palavras, o jornalista tem agora que ser um administrador de dados acumulados, processador e analista desses dados.

Antigamente, os meios profissionais tinham grandes reservas em admitir algum corpo de conhecimentos como disciplina necessária de estudo. Considerava-se o jornalismo como simples "maneira de proceder". No entanto, num mundo em que o volume de informações duplica-se a cada cinco anos, só especialistas serão capazes de entender — e, portanto, de comunicar — parte substancial desse acervo. Meyer propõe que um programa específico de formação de jornalistas componha-se de três níveis de habilidade: (a) como encontrar a informação; (b) como avaliá-la e analisá-la; e (c) como transmiti-la de modo a suplantar o burburinho da sobrecarga informacional e chegar ao público que dela necessita ou deseja.

O que Meyer pretende é aplicar métodos científicos de investigação social e psicossocial à prática do jornalismo — e, portanto, incluir na formação dos jornalistas o adestramento na gestão desses métodos. Isso está conforme à visão crescente entre os cientistas — particularmente das ciências exatas — quanto à necessidade de se encarar com maior rigor o funcionamento da mente humana, os mecanismos do raciocínio e os processos sociais que resultam na formação da opinião pública, isto é, da atitude do público diante dos conhecimentos que se acumulam dando ao homem responsabilidades que ele jamais teve antes.

Essa preocupação está no centro mesmo da projetada era da informação, mas decorre, certamente, em parte, das dificuldades que a informação científica encontra ao confrontar-se com velhos saberes entrincheirados — superstições e crenças sem fundamento mas atraentes o bastante para convencer até mesmo pessoas com longa formação escolar. Da aceitação social depende a credibilidade da ciência, em sua batalha histórica contra preconceitos e temores largamente difundidos.

Em dezenas de universidades, por todo o mundo, têm surgido institutos de mídia em que cientistas, na maioria com formação em ciências exatas ou da natureza, aplicam-se a questões como o aprendizado (não apenas no âmbito da escola, mas, principalmente, ao longo da vida, no contato social), a interação homem-homem e homem-máquina, os limites e natureza da consciência e da linguagem. Essas investigações, envolvendo, quase sempre, modelagem computacional, formam um corpo teórico que se relaciona intimamente com o jornalismo, definindo-se este como processo de informação social mediatizado, ou seja, intermediado por estruturas tecnológicas (a escrita, os impressos, a eletrônica), sem as quais não poderia existir.

São muitas as manifestações de cientistas em favor de uma prática do jornalismo que reflita o atual estágio do desenvolvimento das ciências. Uma delas, citada por Meyer, é do físico Lawrence Cranberg, que escreveu, em 1989: "O jornalismo é em si mesmo uma ciência. Com qualificação apropriada, o jornalista competente é um cientista em exercício." Isso porque tanto o jornalismo quanto a ciência, em busca da verdade, servem à necessidade comum do gênero humano de gerar conhecimento e interpretação coletivos.

As reações no meio profissional dos jornalistas são bem distintas. Aí, o que prevalece é a convicção de que, se pretendem realmente servir ao público, observando os fatos da perspectiva que interessa a esse público, repórteres não podem se limitar a reproduzir discursos de poder cada vez mais unilaterais e até mesmo cínicos — mera expressão de interesses. Também não é solução contestar essas falas com desgastadas figuras de retórica, no modelo publicista, ou mediante análises de discurso, em nada conclusivas. O que é necessário é fornecer ao público informação objetiva que consulte suas necessidades e desejos.

4. Uma pauta de precisão

Para ilustrar o que se pode pretender, segue-se uma pauta obediente ao modelo do jornalismo de precisão. Para isso, selecionou-se um problema atual, no Brasil desse fim/início de século (é inevitável lidar com temas datados, quando se trata de jornalismo): a questão das aposentadorias.

Pressionados pelos déficits contábeis e pela ideologia da globalização — que valoriza a economia especulativa financeira sobre a economia real e as necessidades objetivas dos homens —, os governos procuram reduzir direitos (agora chamados de privilégios) dos trabalhadores. Um dos alvos prediletos é a constituição de fundos de pensão, vistos como instrumentos de financiamento da economia mais do que de previdência dos filiados: procura-se protelar ao máximo o afastamento de trabalhadores por idade ou tempo de serviço e reduzir ao mínimo os ganhos que terão a partir daí.

No caso brasileiro, desenvolve-se uma série de raciocínios, apresentados como fatos estatísticos ou numéricos. Discurso único no

Brasil (os sindicatos têm-se mostrado incapazes de contestá-lo, a não ser no plano retórico), a argumentação envolve itens provavelmente falaciosos:

a) Diz-se que a expectativa de vida de um trabalhador ao se aposentar (aos 50, 55, 60 ou 65 anos) é de x anos — um número alto. No entanto, do ponto de vista atuarial (relacionado à contabilidade da previdência), a expectativa de vida que importa deveria ser aquela do trabalhador quando começa a contribuir, e não quando termina. Evidentemente, a previdência recebe contribuições daqueles que não se aposentam porque morrem antes.

b) Aponta-se para o déficit das contas da previdência oficial — que pode ser devido a vários fatores, desde a extensão indevida de benefícios a quem não contribuiu até a má aplicação de recursos — sem considerar os direitos do contribuinte, que, este sim, pode estar sendo onerado com perdas financeiras, em lugar da capitalização do dinheiro com que contribui.

c) Alega-se no Brasil que servidores públicos têm o privilégio da aposentadoria integral. No entanto, servidores públicos contribuem sobre o total do que ganham, sem um teto (que, para os demais trabalhadores, é de cerca de dez salários mínimos, ou algo próximo de 700 dólares mensais, no início do ano 2000), e não têm direito ao fundo de garantia do tempo de serviço, uma espécie de seguro-desemprego que pode ser sacado por ocasião da aposentadoria.

Quanto de verdade há nesses argumentos? Presumindo que eles reflitam números reais — isto é, que haja mesmo déficit na previdência, conforme os valores oficialmente revelados, e que as estatísticas tenham sido feitas com correção técnica —, resta inverter a perspectiva e considerar o problema do ponto de vista do contribuinte. O que se vai apurar é quanto ele ganha ou perde no processo. Para isso, consideraremos algumas situações típicas:

a) **o desembargador** — um advogado assume por concurso, aos 27 anos, o cargo de juiz, com salário equivalente a 2 mil dólares mensais, e se aposenta, trinta e cinco anos depois, aos 62 anos, como desembargador, com salário equivalente a 6 mil dólares. Admitindo que tenha tido aumentos anuais distribuídos homogeneamente, contribuído com 10% do salário total ao longo de toda a carreira e que, como prevê a legislação da previdência, o empregador (no caso, o Estado) tenha recolhido outro tanto — qual será a grandeza de seu fundo de pensão, no instante da aposentadoria, se o capital foi investido, mês a mês, a juros de 3% ou 6%, mais correção monetária? Quanto esse capital rende e quantos anos cobrirá de pensão com o valor integral do último salário?

b) **o operário** — um trabalhador na construção civil encontra seu primeiro emprego aos 15 anos, com salário equivalente a 100 dólares mensais e se aposenta, trinta e cinco anos depois, com salário equivalente a 400 dólares mensais. Como os valores são sempre inferiores a 10 salários mínimos (perto de 700 dólares), terá contribuído com 10% do ganho mensal e seu empregador com outro tanto. Admitindo-se que os aumentos foram distribuídos homogeneamente e que a aplicação do capital previdenciário se deu a juros de 3% e 6% ao ano, mais correção monetária, qual o fundo disponível no instante da aposentadoria? Quanto esse capital rende e quantos anos cobrirá de pensão, calculada pelos critérios da previdência?

c) **a professora** — uma jovem começa a lecionar em escolas básicas particulares aos 20 anos, recebendo salário equivalente a 150 dólares mensais, que se elevaria, nos dez anos seguintes, até 250 dólares. Completa seus estudos superiores, cursa pós-graduação e ingressa no magistério universitário público aos 30 anos, percebendo o salário inicial equivalente a 800 dólares. Aposenta-se aos 50 anos, como professora doutora adjunta, com salário de 1.500 dólares mensais. Admitindo-se que se aposentou com salário integral — pergunta-se, ainda aí, qual o valor do fundo de pensão disponível no instante da aposentadoria, considerada a aplicação a juros de 3% ou 6% ao ano. E ainda quanto esse capital rende e quantos anos cobrirá de pensão.

O problema pode ser formulado nesses termos para várias situações típicas distintas, de modo a corresponder à maioria dos leitores ou espectadores do veículo. Trata-se de cálculos relativamente simples mas trabalhosos; poderão, no entanto, gerar um modelo no qual se estabeleça quem/quanto ganha e quem/quanto perde com a previdência, bem como especulações sobre o funcionamento do sistema considerando a duração média de vida da população etc. Quer-se, assim, processar os dados, como se faz tecnicamente, porém de uma perspectiva jornalística, não da perspectiva do sistema — que, no caso, se confunde com o governo. O processamento de informação pela reportagem desloca-se da mera construção da mensagem para a elaboração de seu conteúdo, a partir de dados primários.

5. A PESQUISA INSTITUCIONAL

O temor de que o jornalismo, na era das relações públicas ou das assessorias de comunicação, se torne mero reprodutor de discursos interesseiros, sem possibilidade de contestá-los concretamente, levou empresas jornalísticas em todo o mundo a criar seus próprios organismos de pesquisa. No Brasil, por exemplo, o Datafolha, da *Folha de S. Paulo*. No entanto, em regra, essas estruturas, controladas por estatísticos, não são capazes de cumprir pautas de reportagem e se limitam a aferir a opinião pública, tanto em investigações de mercado quanto eleitorais. Isto é, agem como institutos de pesquisa convencionais.

O Brasil tem tradição anterior de departamentos de pesquisa em jornais. O departamento de pesquisa do *Jornal do Brasil*, criado por Alberto Dines e que funcionou por vários anos, na década de 1970, até uma crise econômica atingir a empresa, trabalhava como suporte para a redação, levantando e organizando dados sobre eventos programados, sazonais ou fatos novos. A produção era inteiramente jornalística; o material servia de subsídio aos repórteres e era freqüentemente publicado. Tratava-se, no entanto, de pesquisa sobretudo bibliográfica, no molde da que se faz para escrever enciclopédias.

A fusão desses dois modelos resultaria provavelmente na melhoria de qualidade da informação jornalística. Não significa, porém, a garantia de verdade. Ainda que com base matemática, métodos não garantem a correção de resultados: solucionam um problema, mas não o formulam. Assim, o cruzamento de dados — um dos métodos científicos mais comuns — tem levado a erros históricos: por muito tempo, levantamentos nessa linha sugeriam que doenças coronarianas estavam relacionadas ao sexo, porque ocorriam muito mais entre homens do que entre mulheres. Isso parece hoje não ter fundamento: a condição de vida (atividade profissional, estresse etc.) das mulheres mudou e, com ela, a distribuição dessas moléstias.

Imagina-se que, mesmo formados com conhecimentos de metodologia de pesquisa científica — aqueles usados em pesquisas sociais (quantitativos, qualitativos e analíticos ou heurísticos) e também em economia e em algumas áreas de ciências exatas —, jornalistas teriam que ser assessorados por especialistas nesses campos; o importante seria manter a orientação jornalística do trabalho.

Tudo isso pareceria fantástico, não fosse o surgimento do computador e a revolução que provocou por toda parte — principalmente nas redações. Numa primeira etapa, os jornalistas foram levados a lidar com programas de edição e editoração — de textos, gráficos, som e imagens. De certo ponto em diante, estão sendo levados a trabalhar com programas de investigação, a começar pela busca na Internet, planilhas de cálculo e gerenciamento de banco de dados.

A idéia de um repórter que navega pelo ciberespaço sem limites, para fora de sua base de atuação, consulta arquivos variados por todo o mundo e constrói seu próprio acervo de informações privilegiadas pode estar muito distante da imagem tradicional do fofoqueiro, do libertário ou do contestador, com seu caderninho de notas e um brutal e crescente ceticismo diante do poder — qualquer poder. Mas a ela que nos conduz a RAC, reportagem assistida por computador — tradução de CAR, ou *computer assisted reporting*.

6. PARA LER MAIS

A reportagem mencionada de Gabriel García Márquez é MÁRQUEZ, 1996. Sobre Jornalismo de precisão, MEYER, 1973; MEYER, 1991; MEYER, 1993; ULMANN & COLBERT, 1991. São citadas também idéias de Fran Casal, em sua página pessoal (http://teleline.terra.es/personal/f.casal), incluindo-se um resumo que ele preparou do texto de Steve Weinberg em *The reporter's handbook. An investigator's guide to documents and techniques:* os onze passos propostos para a reportagem investigativa foram aqui reduzidos a dez, com algumas modificações.

Reportagem assistida por computador

Qualquer observador dirá, sem esforço, que a introdução dos computadores modificou bastante a prática do jornalismo. Alguém que estude bem o assunto, no entanto, concluirá que essa modificação é mais profunda do que parece à primeira vista e que o processo de mudanças está longe de terminar: na verdade, promete tornar-se permanente.

Em artigo com título provocativo — "Why journalism needs Ph.Ds." (Por que o jornalismo precisa de doutores) —, Philip Meyer observa que as alterações vividas pela redação dos jornais foram muito poucas, nos Estados Unidos, na maior parte do século XX. Diríamos o mesmo, no Brasil, para as últimas décadas desse século.

As mudanças tecnológicas — introdução da diagramação, alterações no planejamento das matérias e das páginas, substituição da composição em liga de chumbo-antimônio pela composição a frio e da impressão tipográfica pelo *off-set*, ou mesmo o surgimento do rádio e da televisão — bateram à porta das redações mas não chegaram a sentar-se diante da mesa de trabalho de repórteres e redatores.

O texto baseado no *lead* e na forma expositiva, com profundas raízes na maneira espontânea com que as pessoas contam histórias, resiste às tentativas de modificação, que parecem mais literatice do que outra coisa. A apuração, fundada no cultivo das fontes e nas entrevistas, parece insuperável. Tudo que se discute, na verdade, é ética — algo determinante mas externo ao processo produtivo.

O computador chegou para mudar isso. Estabeleceu diferenciais entre o jornalista que domina a máquina e o que não domina — isto é, entre uma nova geração e uma geração antiga. Inicialmente, foram os programas de produção: editores de texto, *softwares* de editoração, processamento de fotografias e gráficos. Agora, os editores não-lineares de som e vídeo e, especificamente para a reportagem, os usos da Internet, as planilhas de cálculo, os gerenciadores de bancos de dados, o acesso a métodos avançados de pesquisa.

Numa profissão em que se confundiam o grande profissional e o grande artífice — em que a experiência parecia suprir o conhecimento —, isso já não é pouco. O que caracteriza as atividades modernas, de formação universitária, é justamente a contínua mudança de processos e valores: a medicina, a administração da Justiça, as engenharias e mesmo os conceitos em voga em filosofia ou pedagogia transformam-se rapidamente, de modo que alguém formado num desses campos e que se limite a aplicar o que aprendeu estará em poucos anos totalmente superado, isto é, fora do mercado.

O conceito de profissional, nessas áreas, é conforme à origem da palavra. *Profissional* vem da mesma raiz que profeta — aquele que é capaz de se antecipar ao tempo, preparar-se para as mudanças, em oposição àquele que domina, mesmo com proficiência, procedimentos tidos como definitivos.

É o que está valendo hoje em jornalismo. E não apenas no aspecto técnico. A informática penetrou na gestão de empresas e governos de tal forma que altera relações sociais importantes para a mídia. É cedo para apontar o sentido dessas mudanças, mas parece certo que estimulam, por um lado, o individualismo e, por outro, o surgimento de comunidades dispersas que se unem por padrões de comportamento ou preferências. Alteram, portanto, não apenas a maneira de fazer jornalismo, mas a gama de informações a ser veiculada.

Mais: a revolução cibernética baixou custos na indústria jornalística, viabilizando expansão notável de informação especializada, quer por assunto, quer pelo perfil do leitor, quer pela intenção política. Não há precedentes para a dimensão que hoje atingem a imprensa sindical, os veículos de empresas (*house organs* e *news letters*), as publicações para adolescentes, crianças e pessoas da terceira idade, apreciadores de temas tão variados quanto a pornografia, a numismática ou a decoração de interiores — em impressos, audiovisuais ou na Internet.

Paralelamente, os processos de fusão de empresas, a pressão contínua do *marketing* (de produtos, de serviços, de idéias), a articulação com outros setores econômicos e associações que representam áreas de negócios parecem desafiar o projeto jornalístico de produzir uma informação destinada a atender aos interesses do público.

É nesse contexto que deve ser pensada a RAC.

1. Técnicas instrumentais

A RAC baseia-se no emprego de técnicas instrumentais: a navegação e busca na Internet, a utilização de planilhas de cálculo e de bancos de dados. Trata-se de colher e processar informação primária ou, pelo menos, intermediária entre a constatação empírica da realidade e a produção de mensagens compreensíveis para o público.

1.1. A Internet

A Internet é uma rede mundial de computadores ligados por linhas telefônicas ou qualquer outro dispositivo na qual se deposita um acervo enorme — imensurável, crescente — de dados que alguém decidiu levar a público. A rede teve origem militar e se expandiu inicialmente no setor acadêmico, o que explica a grande quantidade de informação científica disponível. A busca se faz através de sítios dotados de equipamentos automáticos que procedem à indexação a partir de palavras-chaves.

Além dos sítios de busca primária — que varrem a rede coletando referências às palavras-chaves — existem outros que fazem a mesma investigação nos sítios de busca primária — isto é, remetem ao que foi indexado pelos diferentes equipamentos de busca, coletando relações ainda maiores.

De toda forma, o grande número de entradas que se obtêm — muitas delas com referências irrelevantes ou eventuais ao tema — é o principal obstáculo a uma busca eficiente. Grande esforço tem sido aplicado no desenvolvimento de agentes inteligentes para refinar a busca — por exemplo, cruzando referências ou especificando melhor os temas. Espera-se que haja progresso nesse sentido.

Outro obstáculo é a confiabilidade: não se sabe se o que está na Internet é verdadeiro, se resulta de um trabalho sério, de mera especulação ou fantasia. Quanto a isso, os sítios podem ser grupados em algumas categorias: os mantidos por governos; os de entidades acadêmicas e de classe; os institucionais de empresas e associações; os que operam profissionalmente com informações técnicas, recreativas ou jornalísticas; os comerciais (que vendem produtos e serviços); e os de particulares. Em caso de dúvida, a melhor forma é localizar a instituição provedora e informar-se sobre sua credibilidade.

Parte da informação da Internet — que se refere a transações bancárias ou com cartão de crédito, mas não só estas — é protegida por dispositivos de segurança. No entanto, em regra, é possível imprimir ou copiar em arquivo o material de consulta. Um problema suplementar é o dos programas em que essas informações se encontram: embora haja presentemente hegemonia dos programas da Microsoft, muitas instituições, principalmente acadêmicas, preferem *softwares* disponíveis gratuitamente, como o Linux (sistema operacional), o Ghostscript (editor de textos), ou que podem ser lidos com *softwares* gratuitos, como o Adobe Reader. Muitos arquivos são compactados com programas como .zip, cujo descompactador também pode ser copiado sem custos.

Para acessar a Internet, é necessário dispor de um computador com *modem*, uma linha telefônica e o contrato com um provedor, que pode cobrar taxa mensal. Além dessa taxa, paga-se o preço da ligação local, não importando onde esteja armazenada a informação que se procura.

1.2. Planilhas de cálculo

Planilhas de cálculo distribuem os dados em filas horizontais numeradas e colunas verticais designadas por letras. Comumente, cada fila consta de uma categoria (por exemplo, no caso de uma planilha sobre futebol, "número de gols", "número de impedimentos", "número de ataques" etc.) e números correspondentes à categoria (por exemplo, em cada coluna, a partir da segunda, um jogo do campeonato).

Esse modelo não difere das antigas páginas de livros utilizados por contadores. A planilha funciona como uma calculadora eletrônica muito sofisticada, que permite fazer operações matemáticas com diferentes conjuntos de números (transformando, por exemplo, valores absolutos em porcentagens) em frações de segundo. Além disso, produz com igual rapidez gráficos que espelham a comparação numérica.

Planilhas de cálculo servem principalmente à cobertura de esportes, ciências sociais e da natureza, economia e política, mas sua utilidade se amplia à medida que a informática penetra em novas áreas de atuação humana. Por exemplo: é possível, a partir de dados disponibilizados pelo sistema penitenciário, estabelecer, em valores percentuais, quantos presos cumprem integralmente a da pena e quantos saem antes, distribuí-los por nível de instrução, sexo, idade etc.

Os dados que se colocam numa planilha de cálculo podem ser digitados um a um, mas é freqüente — e se tornará cada vez mais — importá-los de tabelas divulgadas por qualquer meio, seja na Internet, seja em disquete ou CD. O que se obtém é um material analítico para ser apreciado diretamente ou servir de documentação para afirmações conceituais. Uma constatação como "o tráfico de drogas, assaltos e furtos são as principais razões do povoamento dos presídios" nada tem, isoladamente, de jornalístico; se, no entanto, é acrescida dos dados numéricos extraídos dos registros de uma penitenciária, ganha o estatuto de credibilidade que caracteriza a boa reportagem.

As planilhas de cálculo mais fáceis de encontrar são a Excel do Microsoft Office, a Quatro Pro e a Lotus 1-2-3.

1.3. Bancos de dados

Bancos de dados são dispositivos que permitem armazenar de maneira ordenada grande volume de informações, em forma de números, textos, fotografias, gráficos etc. Pode-se facilmente destacar os dados que interessam, agrupá-los em novas formas e consolidar diferentes coleções de dados (por exemplo, comparar o número de crimes em diferentes cidades com a estatística demográfica das cidades).

Diferentemente das planilhas de cálculo, as colunas verticais, nos bancos de dados, são chamadas de *campos* e as linhas horizontais de *dados*. Numa tabela bibliográfica, por exemplo, as colunas podem conter, sucessivamente, "nome do autor" (com o último sobrenome em primeiro lugar), "título da obra", "editora", "cidade" e "ano de publicação".

Os bancos de dados colecionam dados em tabelas diferentes e sucessivas, indexadas de alguma forma. Sua utilidade em reportagem ganha sentido principalmente quando se pensa que as matérias de um jornal fazem parte de um contínuo, que é o assunto ou o caso a que se referem. Desfiles de carnaval, conflitos de política externa e de comércio entre o Brasil e países estrangeiros, pesquisa espacial e milhares de outros temas recorrentes podem constituir bancos de dados, permitindo ganho de tempo e qualidade.

Um bom repórter especializado em polícia, ou em problemas amazônicos, pode ir colecionando em bancos de dados informações sobre a criminalidade em geral e sobre casos específicos (que sempre retornam, quanto mais não seja por ocasião do julgamento) ou sobre questões como desmatamento e manejo florestal, problemas indígenas, aquavias, agricultura tropical, desnacionalização etc.

A cultura do banco de dados deve estender-se a todo arquivamento feito em computador. Quem deposita seus arquivos em pastas de nomes genéricos e imprecisos, como "Meus documentos", termina transformando o disco rígido numa enorme gaveta bagunçada, onde nada se encontra. Pelo contrário, devem-se abrir pastas com designações específicas (por exemplo, o ano) e, dentro dela, subdiretórios para cada assunto ou atividade a que os arquivos a serem armazenados se referem. E, é claro, manter cópia de tudo, preferentemente em CD.

Os bancos de dados mais fáceis de encontrar são o Access do Microsoft Office, o FoxPro, o Paradox, o Aproach e o XDB.

2. Usos da RAC

Um computador — eventualmente, um portátil *laptop* — e uma conexão com a Internet possibilitam ao repórter acessar, de qualquer parte do mundo, seus próprios arquivos ou milhões de bancos de dados sobre os mais diferentes assuntos. Fotografias tomadas em câmaras digitais ligadas ao equipamento ou fotografias convencionais transferidas para a máquina por um *scanner* viajam milhares de quilômetros com a velocidade da luz; pode-se até discutir o ângulo e enquadramento das fotos no momento mesmo em que a reportagem está sendo feita.

Contextualizar uma informação de última hora é possível com o uso de instrumentos e técnicas que surgem uma após outra, com velocidade de criação sem precedentes na História. Mas onde a RAC parece mais promissora é na produção de matérias mais analíticas e profundas — isto é, mais críticas e consistentes. Ela permite combinar o uso da Internet com métodos de pesquisa até há pouco apenas conhecidos e disponíveis por pesquisadores acadêmicos e planejadores, no setor público e empresas privadas.

A difusão da RAC é intensa nos Estados Unidos, onde só uma entidade — o Instituto Nacional para Reportagem Assistida por Computador (NICAR) — havia treinado, até o início de 1999, 12 mil repórteres em técnicas de apuração computarizadas. O NICAR funciona na Universidade de Missouri e compete, nessa tarefa de treinamento, com uma série de outras organizações e empresas jornalísticas. Entre os jornais que fizeram investimentos pesados em RAC, Joel Simon e Carol Napolitano listam, em artigo na *Columbia Journalism Review*, *The Philadelphia Inquirer*, o *Omaha World-Herald*, o *Dayton Daily News*, *The Asbury Park Press*, *The Seattle Times*, o *St Louis Post-Dispatch*, o *Raleigh News & Observer*, o *San Jose Mercury News*, o *Plain Dealer* de Cleveland, *The Detroit News*, o *Detroit Free Press*, *The Charlotte Observer* e *The Miami Herald*. Mas o mesmo artigo cita especialistas e repórteres de organizações tão conhecidas quanto a Associated Press e *The New York Times*.

Utilizando técnicas de RAC, por exemplo, repórteres provaram (e ilustraram com tabelas e gráficos) que um terço da população do estado de Nova Jersey vive em áreas em que a poluição excede de até 20 vezes o limite recomendável (*The Record*); mostraram a evolução da arrecadação de multas de trânsito por diferentes administrações do Alabama, ao longo de dez anos (*The Atlanta Journal-Constitution*); encontraram indícios e provas de fraude eleitoral nas eleições para prefeito de Miami (*The Miami Herald*); provaram que a polícia de Washington é a que mais usa as armas e a que mais perde policiais em encontros violentos, o que se deve, em parte, à deficiência de treinamento (*The Washington Post*); relacionaram o estilo de vida em Long Island e as estatísticas sobre a incidência de doenças do coração e câncer (*Newsday*) ou a renda das famílias e o aproveitamento escolar das crianças (*The Daily Oklahoman* e *Detroit Free Press*); demonstraram como o milionário Ross Perot Jr. fez sua fortuna comprando empresas em bancarrota a preços baixíssimos (*Star-Telegram*); compararam o aproveitamento de alunos do segundo grau com seu desempenho em carreiras universitárias (*Chronicle Herald* e *Mail Star*); denunciaram fraudes na concessão de licenças para motoristas, associando-as a estatísticas de mortos e feridos no tráfego (*Orlando Sentinel*). E assim por diante.

Várias ferramentas foram desenvolvidas para a RAC. Steve Doig, da Escola de Jornalismo da Universidade do Arizona, organizou uma série de procedimentos para serem aplicados na cobertura jornalística dos furacões, comuns no Sul dos Estados Unidos. Philip Meyer e Shawn MacIntosh criaram para o *USA Today* um índice, baseado em lógica difusa, para medir a diversidade étnica nas cidades americanas, o que deve fazer sentido para a cultura do país.

Talvez o instrumento de aplicação mais universal, no entanto, seja o X^2, *Chi Square*, teste que, aplicado a tabelas estatísticas que comparam dados (por exemplo, de aprovados no vestibular oriundos de escolas públicas e privadas, de firmas que ganharam licitações em dada administração sob suspeita de corrupção etc.), permite estabelecer que valores são significativos (indicam se umas escolas são melhores do que outras, se houve ou não favorecimento etc.) e quais se devem provavelmente ao acaso. O teste não apenas dá aval às conclusões da matéria como serve de argumento técnico em caso de processos judiciais.

3. Pesquisa qualitativa

Além da pesquisa estatística, que pode fornecer dados quantitativos concretos e indiscutíveis, o computador coloca, finalmente, à disposição dos repórteres técnicas avançadas de pesquisa qualitativa, até há pouco privilégio de estrategistas militares e de planejadores de grandes grupos empresariais. Tomaremos como exemplo um desses métodos, o mais usado atualmente.

Suponhamos que se queria fazer uma reportagem sobre as perspectivas da moda para o próximo outono-inverno; ou sobre o futuro das pesquisas espaciais; ou sobre como serão os desfiles de carnaval dentro de dez anos; ou ainda sobre o que acontecerá, a longo prazo, com países grandes e de cultura variada como o Brasil, no quadro de uma economia radicalmente globalizada.

O procedimento tradicional, neste e em outros casos (por exemplo, em reportagens sobre temas históricos de significados controversos, como a ditadura Vargas, a fabricação e lançamento das primeiras bombas atômicas ou a aparição da jovem guarda no quadro da música popular brasileira da década de 1960), é entrevistar especialistas e organizar a matéria contrapondo opiniões de uns aos outros. O resultado são reportagens não-conclusivas, incoerentes como colchas de retalhos, que mais confundem do que esclarecem — uma variedade daquilo que, antigamente, por influência francesa, chamava-se de *enquête*, espécie de entrevista múltipla em que as mesmas perguntas são feitas a várias pessoas. Muitas vezes, os interesses transparecem nas respostas: no caso dos desfiles de carnaval, por exemplo, é claro que executivos da indústria de turismo tendem a apostar no espetáculo, velhos carnavalescos a expressar sua nostalgia, artistas plásticos a destacar alegorias e adereços etc.

Estas são situações em que se aplica, com enorme vantagem, o método Delfos (*Delphi Method*). O nome vem do oráculo que previa o futuro na Grécia clássica; a técnica foi desenvolvida para fins militares no contexto da guerra fria e manteve-se secreta de 1948 a 1963, quando se divulgou o primeiro trabalho a respeito. Em linhas gerais, o processo é o seguinte:

1. *Cria-se um painel de especialistas no tema a ser estudado e obtém-se a concordância deles em participar da pesquisa, que exigirá mais do que uma entrevista comum*. Podem ser dezenas ou centenas, mas, na aplicação ao jornalismo, serão, em regra, algo entre 9 e 15, representando um espectro razoável de pontos de vista a respeito do assunto. Numa pesquisa sobre moda, por exemplo, pode-se pensar em três projetistas da alta-costura, três executivos da indústria do vestuário, três compradores de lojas de varejo e três acadêmicos da área de sociologia ou semiologia do traje.

2. *Prepara-se um questionário inicial, abordando os pontos de dúvida sobre os quais vai-se pedir a opinião dos entrevistados.* Numa pesquisa sobre o futuro dos vôos espaciais, por exemplo, se poderá questionar a influência da onda de privatizações numa área até hoje conduzida com recursos e diretrizes estatais; avaliar o papel dos países não hegemônicos na conquista do cosmo; prever prazos para diferentes metas; analisar a possibilidade de viagens para fora do sistema solar etc.
3. *Envia-se o questionário aos especialistas*, pedindo que cada um faça sua previsão ou estimativa sobre as perguntas e que a justifique num texto breve.
4. *Dispondo das respostas desse primeiro* round, *faz-se um resumo ou* briefing *das respostas*, pergunta por pergunta, incluindo sumário estatístico das previsões ou estimativas e resumo das justificativas apresentadas.
5. *Esse relatório*, em que não se mencionam os nomes dos consultados (o anonimato é um dos fundamentos do método), é *enviado novamente aos especialistas*, que têm a oportunidade de mudar sua opinião, ajustá-la e justificar por que mudaram ou não.
6. *Faz-se no segundo* round *o mesmo que se fez no primeiro, e isso pode repetir-se várias vezes*, até que as respostas comecem a se estabilizar, como resultado do diálogo de estimativas, ou quando se exaure a possibilidade de requestionamento. Em regra, no nosso caso, isso deverá acontecer no terceiro *round*.

A julgar pela experiência acumulada em planejamento estratégico e em outras áreas científicas, o resultado deverá ser uma matéria consistente (não contraditória), em que as divergências que sobrarem estarão bem fundamentadas: será possível ilustrá-la com gráficos, fotos, biografias e *flashes* de etapas do processo de produção da pesquisa.

Antes do computador e da Internet, o método Delfos estava fora das possibilidades da reportagem, pelo custo e, principalmente, pela demora em trafegar por via postal ou outro meio os questionários e respostas. Com os *e-mails*, isso já não tem tanta importância: pode-se ouvir, por exemplo, vencida a barreira do idioma, especialistas de qualquer país estrangeiro; enviar e receber respostas sem qualquer despesa.

O processo é relativamente demorado, mas o trabalho que exige (redação dos resumos e reenvio das perguntas) é descontínuo e o resultado pode valer muito a pena. Por que, então, não ousar?

4. Para ler mais

O artigo *Why journalism needs PH.Ds.*, de Philip Meyer, pode ser encontrado em MEYER, 1999. Outros textos sobre RAC (em inglês, CAR, *Computer Assisted Reporting*) estão em http://www.unc.edu/~pmeyer, http://www.cjr.org/year/99/nerds.asp, http://powerreporting.com/ e http://facsnet.org/cgi-bin/New. Há neste capítulo citações de NAPOLITANO & SIMON, 1999 e de http://teleline.terra.es /personal/fcasal/

PAO. Fran Casal dá acesso em seu sítio (http://www.paginade/fcasal) a tutoriais (em espanhol) para a planilha de cálculo Excel e o gestor de banco de dados Access, preparados especialmente para jornalistas. O texto clássico sobre o método Delfos é LINSTONE & TUROFF, 1975; foram lidos também DIETZ, 1997; ADAMS, 1980; RIGGS, 1983; KASTEN et alii, 1993; BARDECKI, 1984; VAN DIJK, 1990; e KENDALL, 1977. Uma bibliografia sobre esse método, preparada por Uma Gupta e Robert Clarke, abrangendo o período entre 1975 e 1994, lista mais de 400 títulos.

Apêndice

A formação universitária dos jornalistas[1]

1. Jornalistas e militância

Em artigo publicado em *El Pais*, da Espanha, e reproduzido no sítio Sala de Prensa, do México, Robert Fisk, decano dos correspondentes ocidentais no Oriente Médio, traça um retrato ridículo dos jornalistas enviados para a cobertura da recente guerra de Kosovo. Fantasiados de militares, convencidos da lógica absurda de que faz sentido arrasar um país quando não se gosta de seu governo, submissos e passivos diante dos oficiais da Organização do Tratado do Atlântico Norte (OTAN), esses jornalistas tornaram-se porta-vozes da guerra imperialista, repetindo denominações como "bombardeios humanitários" para os reides aéreos, "danos colaterais" para a destruição de alvos civis e "campanha militar", quando praticamente não havia resistência da débil aviação iugoslava.

---
[1] Palestra no II Encontro Latino-americano de Professores de Jornalismo. São Paulo, agosto de 1999.

Não lhes passou pela cabeça desconfiar do direito de alguém muito forte agredir outro mais fraco, sem riscos, sem culpa e sem direito a contestação: toleraram a covardia como política de Estado. Mais que isso: aceitaram um clássico princípio de propaganda formulado por Jean-Marie Domenach na década de 1950 — da simplificação e do inimigo único. Obedientes a ele, concordaram em associar o presidente Slobodan Milosevic a Adolf Hitler, os sérvios aos nazistas e os albaneses aos judeus da Segunda Guerra Mundial.

No entanto, observa Fisk, "desafiar a autoridade faz parte do trabalho de um jornalista". Qualquer autoridade. E esse é o primeiro ponto que se deve considerar quando se trata de nossa profissão. Jornalistas não são sacerdotes nem se espera que sejam militantes de causa alguma. Dessa não-militância é que resulta sua competência moral para o desafio. Devem desenvolver uma *persona* profissional tal que — a despeito de crenças e valores pessoais, compromissos de classe e de cultura — possam registrar os fatos e as idéias do nosso tempo com honestidade, concedendo à fonte o direito de ser como é e ao público o direito de escolher de que lado ficar.

Desde sua formação escolar e ao longo da vida, jornalistas são assaltados por ideólogos de diferentes cores — revolucionários, reacionários, guerreiros, pacifistas, homossexuais, ecologistas e místicos —, todos pretendendo convencê-los a aceitar versões sem crítica e a fraudar os fatos em nome de grandes ou pequenos objetivos.

Nas últimas décadas, esse assalto às escolas de jornalismo e aos meios em que circulam jovens jornalistas tornou-se insuportável. Antropólogos insistentes, sociólogos apaixonados, psicólogos confusos somam-se às estruturas de propaganda do Estado e do poder econômico para despejar sobre estudantes e repórteres as fantasias de suas frustrações e de seus conhecimentos transformados em matéria de doutrina.

Vivemos uma época em que os *centros frouxos* que assumiram o poder mundial, em última instância, controlam tanto os discursos oficiais quanto os de contestação. Por um lado, as instituições mantêm sua prática do auto-elogio e desenvolvem raciocínios pelos quais sempre estão certas e são justas. Por outro, os descontentamentos são canalizados para questões existenciais, problemas que se situam fora da História ou campanhas em que preocupações legítimas servem de biombo para esconder o medo do conhecimento e o horror à ciência. Milhões e milhões de dólares têm sido aplicados no financiamento de pesquisas, na área das ciências humanas, com o objetivo não de descobrir algo verdadeiro e útil, mas de impedir que elas reflitam as tensões sociais geradas pelo desemprego, pela perda de conquistas sociais e pela concentração de poder e riqueza que caracterizam o processo de globalização.

Estranhas teses resultam desse investimento. Ao lado de um conhecimento que, na área das ciências da natureza, penetra em velhos campos de mistério, desvendando os mecanismos da mente e penetrando nos segredos da vida — desde o genoma até a clonagem —, surgem, na área humanística, afirmações espantosas. Pois não diz Sandra Harding, autora hoje muito citada, em *The science question of feminism* (Cornell University, 1986), que a física "é não apenas sexista, mas também racista, classista e culturalmente repressora"? Não afirma outro desses sábios pós-modernos, Evelyn Fox Keller, em entrevista citada por Gross e Levitt, em *Higher superstition* (Johns Hopkins Univesity, Baltimore, 1998), que os aceleradores de partículas "torturam a natureza para arrancar seus segredos"? Não afirma sempre Bruno Latour, em seu extremado relativismo, que não há grande diferença entre ciência e ficção?

Algumas dessas teorias ou fantasias que hoje prosperam — no âmbito de escolas acadêmicas como o relativismo epistemológico ou ceticismo crítico — são particularmente temíveis para nós, da América Latina. Somos povos mestiços. Nossos colonizadores, da primeira leva da expansão mercantil, não estavam armados com os preconceitos da moral calvinista. Assim, foram brutais, cruéis na exploração dos povos dominados, mas implantaram relativa tolerância racial, que resultou em intensa miscigenação. Levas sucessivas de migrantes resultaram em sociedades nas quais a convivência é não apenas conveniente, mas fundamental. A pregação constante do orgulho étnico, que tanta desgraça causa pelo mundo, é, assim, uma ameaça a nossas sociedades e a nossa existência nacional. Essa defesa disfarçada do *apartheid*, freqüentemente proposta sobre supostas razões históricas — como se cada um de nós tivesse herdado a culpa pelo colonialismo —, não representa, na verdade, oposição ao racismo, mas o reativa, contribuindo para ocultar as relações econômicas que são as efetivamente responsáveis pela desigualdade em nossos países.

Por outro lado, bilhões de dólares estão sendo transferidos dos cofres públicos dos países desenvolvidos para organizações não-governamentais. Incumbidas de um complexo de tarefas que supostamente deveriam tornar suportáveis as condições do atual pacto de dominação, essas entidades, ditas não-lucrativas, incluem segmentos religiosos e leigos que se caracterizam pelo reacionarismo genérico oposto a qualquer avanço científico. O meio acadêmico é um dos objetivos prioritários de sua atuação. Com elas renascem atitudes medievalistas, velhos misticismos que, na academia, ocupam o espaço vazio deixado pelos grandes modelos de explicação do mundo, como o marxismo.

No caso da formação dos jornalistas, outra praga, esta cultivada no campo dos estudos de linguagem, compromete ainda mais os programas de ensino. A teoria lingüística, atenta aos aspectos técnicos mas não aos políticos, deixou de considerar relevante a existência de línguas de cultura nacionais, optando por igualar dialetos e idioletos numa suposta democracia da palavra. Em decorrência, é cada vez mais difícil encontrar professores capazes de ensinar a língua-padrão, normalizando as formas de dizer em países extensos e de cultura diversificada como o Brasil. A língua nacional já não é praticamente ensinada no primeiro e segundo graus, onde a substituem, em geral, por supostos exercícios de criatividade. Mesmo na Universidade este ensino está se tornando raro. No entanto, jornalistas escrevem na língua-padrão — e a inadequação dos jovens profissionais para a produção de textos é a maior queixa de editores e empresas.

2. O CONCEITO MODERNO DE JORNALISMO

Este é um resumo de nossos problemas que, como se vê, têm origem variada. Uma dessas origens é uma concepção arcaica de nossa profissão. Quando surgiu, no século XVII, o jornalismo era essencialmente publicismo. A burguesia utilizou amplamente os periódicos impressos em sua luta pelo poder, por todo o século XVIII. Os jornais eram lidos como panfletos e os leitores valorizavam mais que tudo o editorial.

A mudança começou com a Revolução Industrial, no século XIX. Na medida em que o público leitor se tornava multidão, graças à difusão do ensino público na Europa, as triagens cresciam, o investimento na produção de um veículo aumentava, com a mecanização, e o conteúdo relevante dos jornais deslocava-se para os segmentos de informação e entretenimento. Foi aí que nasceu a notícia, a reportagem e o jornalismo como o conhecemos hoje.

O controle dos veículos pelos bancos que os financiam e pela publicidade que os sustenta não consegue impedir, assim, a diversidade, que é sustentada por uma razão de mercado. O jornal — a informação jornalística em geral, em impressos, no rádio, na televisão ou na Internet — é atualmente produto de primeira necessidade, sem o qual o homem moderno não consegue gerir sua vida produtiva, programar seu lazer, orientar-se no mundo e, finalmente, formular suas opiniões. É uma forma de conhecimento e um serviço público essencial. Nesse contexto, nada mais inútil do que um jornalista militante, cujo discurso se pode adivinhar antes mesmo de lê-lo ou ouvi-lo.

A técnica da notícia jornalística é um dos raros exemplos de texto desenvolvido fora da tradição da literatura, com base na maneira espontânea com que as pessoas contam umas às outras suas experiências. Ela se difundiu basicamente a partir dos Estados Unidos, quando, após a guerra civil, esse país viveu sua própria revolução industrial com rapidez e intensidade sem precedentes, alimentada por levas e levas de imigrantes da Europa.

Nada disso pertence ao universo de conhecimento da academia. Atrasada em relação à realidade, ela vê no jornalismo apenas doutrinação e nos jornalistas instrumentos do poder. A teoria dominante nos meios universitários é ainda a da agulha de injeção, segundo a qual os veículos inoculam nas pessoas um veneno para o qual elas não têm defesa. Essa crença perpassa os textos da influente Escola de Frankfurt, base da formação da maioria dos críticos de imprensa do meio universitário. No âmbito de Frankfurt, revestida de formas requintadas de pensamento e estilo, na tradição da filosofia alemã, a classe operária, que Marx sonhou ser a portadora do futuro da humanidade, transforma-se paulatinamente em massa, objeto inerte de dominação.

O reacionarismo da Escola de Frankfurt é particularmente visível em sua pregação contra a ciência, vista freqüentemente pelos frankfurtianos apenas como instrumento da dominação burguesa — o que os coloca entre os pioneiros do relativismo contemporâneo. Contemplando o passado — as pirâmides do Egito, a organização social do império Inca, a filosofia grega, o direito romano, até mesmo a música clássica e barroca —, constatamos, no entanto, que tudo o que nossa civilização tem de notável, o que a distingue e justifica, são as conquistas da ciência e tecnologia.

Ao mesmo tempo, inspirados no estruturalismo lingüístico, os críticos acadêmicos buscam nos jornais mitos e metáforas, sem perceber que eles não são criados ali, mas em centros de poder, entre os quais avulta a própria academia.

De todas as invenções da minoria culta contra o jornalismo, talvez a mais perversa seja a da categoria da alienação. Segundo a doutrina que se ensina em nossas escolas, todo noticiário que não é político, que não se reporta ao teatrinho de fantoches onde se apresentam figuras como Pastrana, Banzer, Chaves, Menen ou Cardoso, é pura alienação. No entanto, se a revista erótica é alienante, também é alienante a mulher amada. Se o suplemento de turismo é alienante, também é alienante a paisagem magnífica. Se a notícia esportiva é alienante, também é alienante a prática do esporte. Se a revista para adolescentes é alienante, também são alienantes as paixões e os conflitos da adolescência. A vida se resume, então, ao universo patético em que supostos revolucionários meditam sobre sua própria impotência.

Outra vertente da crítica inábil do jornalismo é uma visão estreita do próprio processo de comunicação. Embora haja vários modelos para esse processo, a academia elegeu o primeiro e o mais simples deles, o de Shannon e Weaver, como paradigma. Pelo modelo de Shannon e Weaver, desenvolvido por esses engenheiros para dar conta de circuitos telefônicos, a mensagem é produzida pelo emissor, codificada, caminha por canal até o receptor, que a decodifica e reconstitui. O erro consiste no conceito de produzir: é possível que

Van Gogh tenha efetivamente produzido a mensagem de seus quadros; não é verdade, no entanto, que o repórter de polícia produza em sua mente a mensagem em que relata um atropelamento. Ele apenas formula a matéria, com base em informações que colhe na fonte. Jornalistas não inventam ou criam a informação que publicam. Eles partem de relatos e da observação e traduzem para uma linguagem-padrão o conjunto do que perceberam.

Se os intelectuais fossem mais laboriosos em sua pesquisa, constatariam que, em lugar de produzir a mensagem, o emissor (e, pois, o jornalista) percebe uma informação, a reelabora e transmite. Mas também não é certo que as proposições de uma linguagem sejam apenas conceitos codificados. Uma frase simples, como "todo homem é mortal", tem 96 significados diferentes, se consideradas as ambigüidades de suas partes e das regras que as combinam. O processo de decodificação é, na verdade, complementado por amplo e inteligente processo de inferências e estudado, no âmbito da Teoria da Cognição, por autores que a academia latino-americana ainda conhece pouco, como Paul Grice e sua Teoria da Conversação; Phillip Johnson Laird e sua Teoria dos Modelos; Dan Sperber e Deirdre Wilson e sua Teoria da Relevância.

3. Os problemas atuais do jornalismo

No meio profissional, aquele que se refere à realidade, e não ao delírio acadêmico, os problemas são outros. Por exemplo: a concentração dos grandes veículos de comunicação e, em contrapartida, a existência crescente de veículos alternativos, dos quais o mais evidente é a Internet. Com a edição não-linear em rádio e televisão e a pluralidade de canais, que já são centenas e poderão chegar aos milhares ou centenas de milhares em pouco tempo, abre-se um campo fantástico à democratização da informação. Como a produção jornalística obedece hoje a padrões profissionais de qualidade, inigualáveis por amadores, coloca-se a questão de formar produtores para essa intensa demanda.

Ou ainda a questão ética: até que ponto a prática do jornalismo fere direitos individuais e o direito das instituições de resguardarem seu prestígio e seus segredos? Até que ponto devem os jornalistas de nossos países se concentrar na cobertura dos atos e feitos oficiais, quando sabemos que nossos governos, nas atuais circunstâncias, são meros títeres de poderes maiores, sejam políticos ou econômicos? De que forma revelar a realidade de nossos países, sem banalizar e folclorizar a miséria? Como tornar atraente para o público em geral a informação macroeconômica e de ciência e tecnologia, que são o que há de mais nobre no jornalismo contemporâneo? Que transformações trará, para a técnica tradicional da notícia, a incorporação necessária de infográficos e, em geral, dos recursos multimídia? Como gerir com eficiência pequenas, médias e grandes unidades produtoras de informação em ambientes altamente competitivos? Quais os recursos legais para enfrentar o recrudescimento da censura e das formas veladas de controle da informação pelo Estado e pelas instituições do poder financeiro?

São problemas concretos. Se nos dispomos a enfrentá-los e a engajar nesse processo as instituições universitárias, precisamos de uma nova abordagem do jornalismo, de uma visão crítica com relação aos preconceitos com que tradicionalmente a academia vê o nosso ofício.

Em primeiro lugar, é preciso dizer que a ética do jornalismo é de formulação simples. Jornalistas devem basear-se:

a) na reverência diante dos fatos e das verdades científicas;
b) no descompromisso com teorias e versões de fatos; e
c) no respeito às pessoas que, sendo fonte ou público, sustentam tais teorias e versões.

Dos três itens, o mais sensível é o segundo, que trata do descompromisso com teorias e versões. Transmitir informações, interpretá-las sem comprometer-se, preservando, ao mesmo tempo, os valores e crenças individuais, é um exercício de uso da terceira pessoa que envolve treinamento e competência crítica. No entanto, ainda o estuprador, o celerado, o pedófilo, um *serial killer*, um imperador como Nero ou um ditador como Adolf Hitler devem ter suas razões expostas, porque jornais se escrevem para seu tempo e para a História.

Mesmo a opinião manifesta, que é mais rara e cada vez menos relevante no jornalismo moderno, deve contentar-se em ser expressão de um sentimento coletivo, e não do viés pessoal do jornalista que a formula. Nada mais tolo do que um editorialista assalariado de jornal econômico assumir como se fossem suas as teses do grande capital ou do que o jornalista empregado de um sindicato de alfaiates fingir serem suas as reivindicações dos alfaiates.

4. Por uma formação específica

Diante desse quadro, chegamos, por fim, à formulação de nosso problema: como formar jornalistas, nas circunstâncias atuais?

Em primeiro lugar, defendemos a formação universitária, apesar de todas as dificuldades que expusemos longamente. As razões dessa escolha fundam-se no senso comum. A responsabilidade envolvida no tráfego de informações, a sofisticação tecnológica e a relevância do direito dos cidadãos à informação indicam a necessidade de estudos demorados para a prática do jornalismo — estudos que, como acontece com as demais profissões de nível superior, deverão estender-se por toda a vida.

Em segundo lugar, admitimos a formação profissional pós-graduada, desde que em cursos com extensão equivalente ao mestrado e com mais de metade da carga horária ocupada por disciplinas técnicas.

Em terceiro lugar, o mais importante, advogamos uma orientação nova nas escolas, que devem voltar-se para a realidade dos jornalistas como categoria e da atividade como empreendimento. Isso implica, naturalmente, o distanciamento dos estudos de comunicação, tais como vêm sendo habitualmente praticados, porque neles não há lugar para o jornalismo como o concebemos.

O conceito de comunicação, em sua origem histórica, é avesso ao jornalismo. Ele é considerado exclusivamente por sua vertente originária, publicística, rejeitando-se toda possibilidade de um jornalismo que seja serviço público e de uma informação que seja conhecimento.

São várias as origens dessa distorção.

Ela encontra, como vimos, guarida no pensamento acadêmico marxista, embora Karl Marx tenha sido, em sua maturidade, um jornalista competente no conceito atual, como prova a leitura de sua produção, como correspondente de jornais americanos na Europa. Pode-se mesmo dizer que a incapacidade para formular um conceito correto de jornalismo é fator relevante no complexo que conduziu ao fracasso da experiência soviética, na medida mesmo em que ela não conseguiu gerar uma sociedade democrática.

Mas a visão reacionária do jornalismo está também implicada no modelo da comunicação social concebido na sociedade ocidental, a partir da idéia de "fabricação do consentimento" para o progresso, implicada nas teses de Walter Lippman, na década de 1920. Na década de 1960, quando os americanos temiam a difusão pela América Latina dos ideais da Revolução Cubana, o Centro Internacional de Estudos Superiores em Comunicação para a América Latina (CIESPAL) impôs a nossos países um ensino polivalente que deveria formar, ao mesmo tempo, jornalistas e publicitários, radialistas e cineastas, relações-públicas e produtores de livros. Associando jornalismo a jornal, sem perceber, num caso típico de miopia de concepção, que se tratava de algo mais amplo — a informação pública —, o CIESPAL subordinou, assim, a formação dos jornalistas a uma área teórica ideologicamente comprometida. E esse legado nos ficou da guerra fria.

Para consolidar o casamento tempestuoso, ao longo desses anos, contribuiu o fato de que o jornalismo, sendo profissão que nasceu à margem da academia, não contava em seus quadros com professores de carreira, pós-graduados, em número bastante. No entanto, no Brasil, nos últimos quinze anos, a partir do currículo mínimo de 1984, que impôs que as disciplinas técnicas ocupassem metade do tempo do curso, formou-se a massa crítica necessária. Há hoje bem mais de uma centena de jornalistas com doutorado e mestrado, muitos mais se formam a cada ano, e a eles se somam dezenas de profissionais de outras áreas, interessados no jornalismo, fascinados por ele ou empenhados em estudá-lo a sério e sem preconceitos.

Cursos de jornalismo devem ser coordenados por jornalistas competentes e ministrados dominantemente por jornalistas atentos à realidade da profissão. Isso hoje já é possível.

E de que deve constar um curso de jornalismo? A nosso ver, é adequada a porcentagem de 50%, em cursos de quatro anos, prevista na legislação brasileira para as disciplinas técnicas. O jornalista é, antes de mais nada, a pessoa que escreve e edita informação em diferentes meios, e a competência é algo fundamental para que se possa exercer a profissão com dignidade.

Quanto ao restante do curso, ele deve incluir uma porcentagem não superior a 10% do total — ou um quinto das disciplinas não-técnicas — com a exposição das teorias da informação e da comunicação, com ênfase para os estudos teóricos de inferência, que incluem o binômio lógica/reconhecimento de padrões. Nos 40% restantes, é essencial prover informação ampla, honesta e equânime sobre os fatos e as idéias de nosso tempo, criando as bases de um aprendizado que se estenderá ao longo do exercício profissional e por toda a vida do jornalista.

Bibliografia

ADAMS, Lavada. "Delphi forecasting: future issues em grievance arbitration". *Technological Forecasting and Social Change*, 18, 1980, p. 151-160.

ALENCAR, José Roberto de. *Sorte e arte — como foram feitas algumas reportagens que você leu*. São Paulo: Edicon, 1993.

BAHIA, Juarez. *Jornal, história e técnica*. São Paulo: Ibrasa, 1972.

BARDECKI, Michal. "Participants' response to the Delphi Method: an attitudinal perspective". *Technological Forecasting and Social Change*, 25, 1984, p. 281-292.

BIAL, Pedro. *Crônicas de um repórter*. Rio de Janeiro: Objetiva, 1996.

CALVO HERNANDO, Manuel. *Manual de periodismo científico*. Barcelona: Bosch, 1997.

CASTELLO BRANCO, Carlos. "Cobertura política". *Comum*, vol. 1, n° 3. Rio de Janeiro: Facha, jul./set. de 1978.

CHOMSKY, Noam; HERMAN, Edward. *Manufacturing consent: the political economy of the mass media*. Nova York: Pantheon Books, 1988.

DIETZ, Thomas. "Methods for analyzing data from Delphi panels: some evidence from a forecasting study". *Technological Forecasting and Social Change*, 31, 1987, p. 79-85.

DWIGHT, William. "Uma história que não contei". In BARRET, Edward W. (org). *Jornalistas em ação*. Rio de Janeiro: Agir, 1965.

EMERY, Edwin. *História da imprensa nos Estados Unidos*. Rio de Janeiro: Lidador, 1985.

ERBOLATO, Mário. *Técnicas de codificação em jornalismo*. São Paulo: Ática, 1991.

ESTEVES, Fernanda. *Desculpem a nossa falha — a batalha diária de uma repórter de TV*. Rio de Janeiro: Record, 1990.

FISKE, John. *Introduction to communication studies*. Londres: Routledge, 1990, 2ª edição.

FUSER, Igor. *A arte da reportagem*. São Paulo: Scritta, 1996.

GARRETT, Annette. *A entrevista, seus princípios e métodos*. Rio de Janeiro: Agir, 1974.

GENRO FILHO, Adelmo. *O segredo da pirâmide*. Porto Alegre: Tchê, 1987.

GOMIS, Lorenzo. "Los interesados producen y suministran los hechos". In ———. *Teoria del periodismo*. Barcelona: Paidós, 1991, p. 59-74.

GOODWIN, Gene & SMITH, Ron. *Groping for ethics in journalism*. Iowa: Iowa State University, 1994.

GRICE, H. P. *Studies on the way of the words*. Cambridge: Harvard University Press, 1989.

JENNINGS, Nick & WOOLDRIGE, Michael. "Intelligent agents; theory and practice". *Knowledge Engineering Review*, vol. 10, n°. 2. Cambridge: Cambridge University Press, junho de 1995.

JOHNSON-LAIRD, Philip. *Mental models*. Cambridge: Harvard University Press, 1983.

———. *The computer and the mind*. Cambridge: Harvard University Press, 1988.

JOSÉ, Emiliano. "O mundo do *impeachment* no mercado da notícia". *Pauta Geral (A cobertura jornalística da política)*, ano 3, n°. 3, Salvador: UFBA, setembro de 1995, p. 5-22.

KASTEN, M; JACOBS, M; VAL DER HELL, R.; LUTIK, K. & TOUW-OTTEN. "Delphi, the issue of reliability, a qualitative Delphi study in primary health care in the Netherlands". *Technological Forecasting and Social Change*, 44, 1993, p. 315-323.

KENDALL, John. "Variations on Delphi". *Technological Forecasting and Social Change*, 11, 1977, p. 75-85.

KOTSCHO, Ricardo. *A prática da reportagem*. São Paulo: Ática, 1996.

KUCINSKI, Bernardo. *Jornalismo econômico*. São Paulo: Edusp, 1996.

LAGE, Nilson. *Controle da opinião pública*. Petrópolis: Vozes, 1998.

LAGE, Nilson. *Ideologia e técnica da notícia*. Petrópolis: Vozes, 1981.

LINSTONE, Harold & TUROFF, Murray. *The Delphi method, techniques and applications*. Londres: Addison-Wesley Publishing Company, 1975.

MÁRQUEZ, Gabriel García. *Notícia de um seqüestro*. Tradução de Eric Nepomuceno. Rio de Janeiro: Record, 1996.

MEDITSCH, Eduardo. "Jornalismo como forma de conhecimento". *Revista Brasileira de Ciências da Comunicação*. São Paulo, vol. XXI, n°. 1, p. 25-38, jan./jun. de 1998.

MEDITSCH, Eduardo. *O conhecimento do jornalismo*. Florianópolis: UFSC, 1992.

MEYER, Philip. *Periodismo de precisión, nuevas fronteras para la investigación periodística*. Tradução e introdução de José Luís Dader. Barcelona: Bosch, 1993.

MEYER, Philip. *Precision journalism: a reporter's introduction to social science methods*. Bloomington: Indiana University Press, 1973.

MEYER, Philip. *The new precision journalism*. Bloomington: Indiana University Press, 1991.

MEYER, Philip. "Why journalism needs Ph.Ds. Investing in advanceddegree programs will help make what we do more of a profession and less of a craft". http://www.asne.org/kiosk/editor/september/meyer.htm, 1999.

MOREIRA, Marco Antônio. *Modelos mentais*. http://www.if.ufrgs.br/public/ensino/N3/ Moreira.htm.

NAPOLITANO, Carol & SIMON, Joel. "We're all nerds now". *Columbia Journalism Review*, março/abril de 1999.

NELSON, Chico; SANTOS, Nilton; NORONHA, Solange; e MORETZ-SOHN, Silvia (orgs). *Jornalistas para quê? (os profissionas diante da ética)*. Rio de Janeiro: Sindicato dos Jornalistas Profissionais do Município do Rio de Janeiro: 1989.

PASK, Gordon. *Conversation, cognition and learning: a cybernetic theory and methodology*. Nova York: Elsevier, 1975.

POPPER, Karl. *A lógica da pesquisa científica*. Tradução de Leônidas Hegenberg e Octanny Silveira da Mota. São Paulo: Cultrix, 1999.

QUINTÃO, Aylê Selassié Filgueiras. *O jornalismo econômico no Brasil depois de 1964*. Rio de Janeiro: Agir, 1987.

RIGGS, Walter. "The Delphi Technique, an experimental evaluation". *Technological Forecasting and Social Change*, 23, 1983, p. 89-94.

ROCHA, Luís Mateus. *Adaptative recomandation and open-ended semiosis*. In http://www.c3.lanl.gov/~rocha, 1998.

SCHUCH, Hélio. *Jornalismo científico*, COM 5019. Florianópolis: UFSC, 1996, cópia eletrostática.

SODRÉ, Nélson Werneck. *A história da imprensa no Brasil*. Rio de Janeiro: Civilização Brasileira, 1966.

SPERBER, Dan & WILSON, Deirdre. *Relevance, Communication & Cognition*. Oxford: Backwell, 1995, 2ª edição.

TERROU, Fernand. *A informação*. São Paulo: Difel, 1963

ULLMANN, J. & COLBERT, J. *The reporter's handbook. An investigator's guide on documents and techniques*. Nova York: St. Margin Press, 1991.

VAN DIJK, Jan. "Delphi questionnaires versus individual and group interviews, a comparison case". *Technological Forecasting and Social Change*, 37, 1990, p. 293-304.

Este livro foi composto na tipologia Humanist 521,
em corpo 11/18, e impresso em papel
off-white, no Sistema Digital Instant Duplex
da Divisão Gráfica da Distribuidora Record.